男人最愛說的
88句謊話!

The 88 lies that men most likely to sa

壞男人不說承諾・聰明的女人不相信承
男人當然會說謊・不說謊的不會是男人

壞男人暢銷作家
錢人豪

隆重推薦
九把刀、方文

88耳熟能詳的謊話+
88男人老實說=
100%出賣男人的最高機

男人必讀！第一本超實用的謊話筆記本！

女人必備！第一本偵測愛情死角的工

不說謊的不是男人。

奉勸女性朋友，妳一定要有心理準備才看這本書，因為很有可能妳在翻閱了這本書之後，才發現自己原本一直相信身邊男人的甜言蜜語，或是那些長久以來能打動妳的話語，原來不過都是男人們習以為常的慣性謊話跟習慣反應罷了。

對很多男人來說，脫口而出：「我愛妳。」

跟隔壁鄰居說：「有空來坐。」差不多意思。

男人當然會說謊，不說謊的不會是男人。

如果妳的男人說他從不會說謊，這必然是最大的謊言，如果妳居然選擇相信他說的這句話，那麼妳也只不過是自己在騙自己而已。

男人說謊掩飾的技巧高超與否，有一半跟聽他說話的女人聰明程度有關，然而，如何分辨是謊話還是智商，是否選擇揭穿就是取決於女人的智慧了。

男人說謊就是說謊，不要再替自己找藉口說：「那不過是善意的謊話罷了。」

因此，如何分辨男人說的答案是真話，還是真假摻半，或是根本全然是假的，請女性朋友不妨好好研讀這一本書。

而不想再輕易被另一半拆穿謊言，或是每次找藉口總是漏洞百出，還在用陳腔濫調的說詞，以至於破綻太多，讓女人想替你留面子也找不到台階下的男人們，奉勸這些自以為聰明的男性朋友可以好好閱讀這本書所詳列的話術。

趕緊淘汰舊招吧，當所有的招數都有破解攻略時，就是該好好檢討的時候了，男女之間本來就是一場高來高去的攻防戰，假做真時真亦假。

但是也奉勸許多女性朋友一句話：「別輕易拆穿對方。」

當男人願意說謊，好歹還在乎妳。

男人最好面子，妳若是連一點台階都不留給他下的時候，再好脾氣的男人都可能會惱羞成怒。

我前面已經提醒過女人，看妳是要選擇證明自己智商高、聰明過人，還是蘊含EQ、聽穎且善解人意，就端看個人造化了。

而男人最常說的謊話，通常也是一般女人最喜歡聽到的，也是女人最容易被打發、被轉移注意力的。

謊話中的難度越高，代表事情的嚴重性可能越大，所以不得不從謊話中開始注意男人是否已經有逾矩的行為，因為每一件事情在發生前一定會先有徵兆，只是看妳是否察覺得到。

目錄

Content

目錄

Content

目錄

Content

Content

目錄

Content

謊言 01 我沒有騙妳。

每個男人都會說這句話。

（這個道理跟受過訓練的鸚鵡只要看到人就說：「你好。」一樣）

談戀愛就跟買賣房子一樣，妳要買、他要賣，不一定總是兩情相悅，但是總會有看對眼的一天。

男人就像是仲介，不管條件好不好，一定要黑心一點，才能把自己推銷出去，不會有任何房仲業務在推銷房子時就坦白跟妳說：這房子的建材說明書雖然寫著跟某國際品牌同等級，其實根本就是大陸黑心貨、次級品；離捷運十分鐘，其實指的是開車，而且是暢通無阻，完全沒紅燈塞車的情況下，若是妳想走路，一定會走死妳，若是夏天，恐怕還會中暑；傳單中宣稱的無敵海景，其實不過是面對淡水河旁的荒郊野外，沒有景觀；巷子窄的要死，他也能把死的說成活的，硬拗說是「大隱

隱於市」或是「官巷」；若說是「人間仙境」，八成就是鳥不生蛋；廣告說窗外能夠遠眺101，交屋後，妳只能看到它的塔尖。

這就跟男人不會笨到一開始就跟妳坦言：他沒有存款，只有貸款；他說很愛家人，就是結婚後要跟父母住，其實他現在每天開來載妳兜風的名貴轎車是老爸的，或是還在分期付款；他說他在公司是經理，其實下面根本沒有員工。

不會有男人在追求女朋友時，會坦白說：「是的，我好賭、酗酒、喜歡抽菸、嚼檳榔，有躁鬱症，還有遺傳性心漏症跟糖尿病。」

男人一開始都像是樣品屋，看上去順眼得不得了，打扮得整齊亮眼，每一次約會都彬彬有禮，女人又何嘗不是，彼此都端出最好的一面給對方。一見鍾情時，為彼此目眩神迷，等到日後每天蓬頭垢面地面對面刷牙洗臉時就不一樣了。

「我沒有騙妳。」他只是沒有說實話。

男女真的開始交往，就像點屋成交，問題開始逐漸浮現，原本進口的八十公分拋光石英磚，變成國產的六十公分，什麼英式圖書走廊、空中花園游泳池、交誼廳都是一被舉報就必須拆除的違建。

但是字都簽了、頭期款都付了、時間也花了、肉體也給了，有些事情不是太過分就只好睜一隻眼、閉一隻眼了。

不少女人還會自己鄉愿地替男人解釋、下註解：他跟父母住是因為孝順，開二手車是節儉，偶爾抽菸是因為要應酬，喝點紅酒是因為有品味，脾氣不好是因為上班壓力大，要有衝勁，至於有先天性家族遺傳毛病……還好他保險單上的受益人應該是妳。

只要對方還願意哄妳，對妳好，有時候僥倖會增值，搞不好男人突然轉性了，努力工作還發了財，品味也變高了、氣勢也有了，不但包了二奶，還替妳買一堆珠寶、首飾、名牌包包，不然就是他希望離婚，但是會給妳大筆的贍養費，這還算是好的。

萬一原本當初買房子的遠景都沒了，都更也不更新了，捷運幾鐵共構蓋了幾年也根本沒好，房子還會漏水，而且有壁癌又是海砂屋，樓下又開著特種營業的酒店，隔兩條巷子就是消防隊跟醫院急診室，每天警鈴喔咿喔咿響不停，最糟的是建設公司還倒了。

這就跟男人做生意失敗一樣，人財兩失，身體健康也日漸下滑，還負債累累，每天不再甜言蜜語，而是唉聲嘆氣、長吁短嘆，像變成脫手不掉的中古屋，甚至被法拍。

但是妳已經受騙上當，要嘛認賠、忍痛脫手，要嘛同歸於盡，要嘛一拍兩散。他到這個時候也不會承認他曾經騙過妳，只是時運不濟，而妳自己沒仔細觀察清楚，能怪得了誰。

男人老實說

男人一定會習慣性說謊。

就算妳在枕頭上找到一根明明是其他女人的頭髮，他也會睜眼說瞎話地說：「那是我的腿毛。」

W：「這麼長？」

M：「那根比較發達……。」

說謊是男人的反射動作。

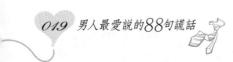

謊言

02 我愛妳。

這句話其實並沒有字面上那麼了不起。

基本上，男人若是每天說，無時無刻地說，按照三餐加甜點一樣地說，那就表示：對方要不是真的很愛妳到幾近白癡的肉麻程度，不然就是跟每天說的：「早安」、「晚安」、「吃飽沒」沒有什麼兩樣。

當一句原本是石破天驚的情話，變成了習慣用語，妳也不能說他不愛妳，但至少跟當初第一次說出口時的氣氛差了十萬八千里。

不過，女人也不必苛求，若是妳的男人還是會當著外人面前，對妳說這句話，至少他還是很在乎妳的。

若他只有在私下無人的時候，才會對妳含糊不清地說，或是在妳遞杯咖啡給他的時候，眼皮連抬都不抬隨口說而已，那就跟他白天在公司日理萬機時，對祕書說：

「麻煩將報紙遞給我。」的程度一樣。

最重要的是，當男人說：「我愛妳。」時，眼睛有沒有專注望著妳。

若他是一邊瞄著電視，一邊隨口說我愛妳，那真的跟辦公室的頂頭上司偶而會對妳說：「做的不錯。」意義差不多。

這句話基本上跟鄰居叫妳：「有空來喝茶。」沒什麼兩樣。

這樣的「我愛妳」說來輕易，聽者自己也索然無味，不如當做消遣就好，別太在意，犯不著感動地跟初次聽到時一樣熱淚盈眶。

此時，妳只要微微笑著回答：「我也是。」

男人就已經心滿意足了，真的。

奉勸女人千萬不要聽了男人這樣說以後，又反問一句：「有多愛？」

妳到底是要他認真回答，還是要他再編另一句謊話？

大部分的男人最怕窮追猛打，妳若是每次都這樣反問，男人可能以後連說都懶得說了，再笨的男人也不會想要自找麻煩。

「我愛妳。」

這句話若是在他突然深情凝視妳良久以後，緩緩說出，可信度達到百分之八十；接下來如果是掏出戒指，就再加百分之十；如果只不過是i-pod等小禮物就減去百分之五。

試想，他將妳當成什麼，送個上千元的小禮物就想要妳也死心塌地地愛他到至死不渝嗎？別開玩笑了，現在的女孩子早已不會輕易被一句話語就沖昏頭，若妳心甘情願，那是妳笨，不是他聰明。

如果妳跟男人提分手時，他試圖挽留妳，脫口而出：「可是……我愛妳。」

這句話的佔有欲佔了百分之四十五，不捨跟不甘心也佔了百分之四十五，愛情的成分此時已經被腎上激素刺激得只剩下不到百分之十，同時摻雜著可惜、憤怒、疑惑、不滿跟不可置信、妳居然會跟他提分手……等其它成分。

若是妳已經躺在病榻上，正值迴光返照即將離開人世時，他還握著妳的手，絲毫不介意妳面黃肌瘦、瘦骨嶙峋的憔悴樣子，淚眼盈眶、語帶哽咽地說出這句話，可信度跟安慰程度各佔百分之五十，同時，男人腦海中已經在想著以後沒有妳的日子該如何打發。

若妳只不過是感冒，對方還如此誇張，要嘛不是真的兩情相悅，就是他也有病。

如果是花前月下，星光浪漫，海灘漫步，遠遠傳來潮汐的聲音，氣氛綺旎到不行……。相信我吧，男人此時牽著妳的手說：「我愛妳。」

其實跟他腦海中說：「我想上妳。」的成分相去不遠。

「我愛妳。」很多時候被當成開場白。

例如：男人可能要接著講出什麼更重要的話：「我愛妳，所以我希望妳願意嫁給我。」這句話在當時的誠意度絕對是百分之九十。

這句話也可能是答案。

「我那樣做……純粹是因為我愛妳。」所以他可能做了對不起妳的事。

「我愛妳，但是我不得不離開妳。」他並不夠愛妳。

更多時候是結語。

「不管如何，我是愛妳的。」

所以，他之前可能分心、心猿意馬過，而且八成一定做了對不起妳的事情，但是現在很後悔。

所以，當妳的男人說：「我愛妳。」
真的相信我，等一等、想一想再回答比較好，千萬別一下子就被沖昏頭了。
「我愛妳。」下次男人再這樣說。
妳就簡單俐落地回答：「我也愛你。」就夠了。

男人老實說

男人若說：「我愛妳。」
其實他更愛自己。
因為不想失去妳，讓自己難過，所以要說這句話好留住妳。
所以當男人說我愛妳的時候，想一想再回答：「妳是否也愛他？」

謊言 03

我想妳。

千萬別太容易感動。

除非你們真的很久沒見，不然這只不過是個招呼用語。

若是很久沒見，或許有可能。

若是已經每天相處，才不過下班回家幾個小時沒看到對方而已，還如此噁心巴拉，除非是剛戀愛、剛在一起，不然這就是男人等下將有所要求的開場白。

若是他還加上一句：「我好想妳……。」但是沒有擁抱，說謊程度居多。

若是緊緊擁抱，誠實的成分大於謊言；若他欲拒還迎，想要摟著妳，又有點緊張、不知所措，那恭喜妳，他真的很想妳。

場景若是在家裡，當他說完：「我想你。」

接著他居然說：「我累了。」那也沒什麼奇怪，八成就是暗示妳要幫他按摩肩

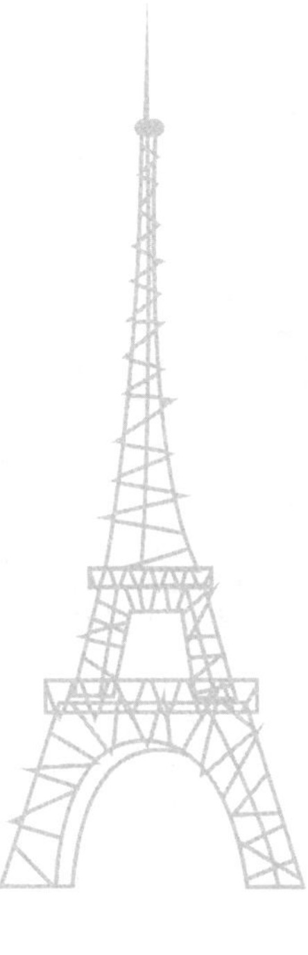

膀，說渴了是要喝水，餓了是要才剛下班已經累個半死、還沒換下高跟鞋的妳，進廚房弄點好吃的給他。

那他根本不是想妳，而是想念妳對他的「服務」。

那妳到底是他的情人，還是他的佣人？

男女剛在一起時如膠似漆，可能真的會有那種分開十分鐘，就快要不能呼吸的感覺，但是現實是很殘酷的，感情其實是有賞味期限的。

在一起久了，早就像老夫老妻了，而且大家都是成年人，沒必要自己騙自己。

若還是將「我想你」、「我愛你」、「我沒有你會死」那種話掛在嘴上，要嘛他存心騙妳、哄妳開心，要嘛他可能有戀母情結、內心不健全。

除非男人是真的做了什麼錯事，經過長時間冷戰，或是沒見面，或是妳下定決心要離開他的時候，他氣急敗壞地說：「我好想妳」、「我好在乎妳」，不然都別太認真啦！

我有個女性朋友，在幾年前交了個遠距離戀愛的男友，對方是在國外，彼此每天靠著電腦視訊對話，即使不在家，也都開著電腦。就算只是看著空無一人的對方臥室也好，每天兩人一下班回來，就對著電腦螢幕甜言蜜語。

相戀一個月後，即使平常用電腦時，也會開著小視窗將對方放在螢幕下方，每天晚上更是SKYPE聊個不停。但幾個月後，我問她進展怎麼樣了，她說他們兩個人一直沒有真的碰面，但是每天回家一上線就會聽到對方說：「我今天好想妳。」

不知怎麼的，感覺跟進了百貨公司電梯，聽到電梯小姐問她：「請問妳要到幾樓？」沒什麼兩樣。

有一天，突然感覺自己好肉麻噁心，這麼不切實際的事情怎麼會發生在一個在事業上能呼風喚雨的職業女性身上，於是，從那一天起，她將帳號關掉，但當天晚上不但沒有難以入睡，反而睡得份外香甜。

第二天，她在公司開會還份外精神抖擻。

第二個禮拜，她就在現實生活中接受另一個一直對她有好感的男士邀約。當她喝了一口手中的咖啡，抿了一下嘴唇跟我說：「還是現實中的擁抱，比冷冰冰又遙遠的人說我想妳來得有感覺多了。」

「我想妳。」又不是八百年沒見，除非是在蜜戀期。

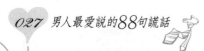

當對方沒事打電話來，突然冒出這一句話，如果是你的男友，八成做了什麼虧心事；如果他還不是妳的男朋友，就是他對妳有很大的好感。若妳接受，那是好事；若有反感，那便是騷擾。

若是妳的前男友打電話說了這一句，而且當初又是他主動離開妳的，恭喜妳，他後悔了。不然，就是他感到寂寞，或是在別人身上受到挫折，想從妳身上尋找慰藉，若當初是妳甩掉他的，那他只是不甘心而已，不是真的有多想念妳。

坦白說，「我想妳」跟「我想要上妳」有時候對男人的意義，相差不會太遠。

男人老實說

男人跟女人說：「我好想妳。」

聰明的女人只會回答：「那不過是寂寞而已。」

謊言 04

我真的沒騙妳。

他八成就是在騙妳。

通常會說這句話的男人，如果不是小看女人，就是自以為是地認為只要這樣說，對方就會相信他接下來的說詞。

「我真的沒有騙妳，我昨天真的是跟小李他們在公司加班，趕一個今天要給客戶的大案子……。」當他一邊拉著領帶，一邊解開襯衫，準備就這樣打發妳，自顧自地走進浴室洗澡時，他的眼角一定還在偷偷留意妳有沒有拿起電話打去問小李。

打了也沒有用，妳心中也知道他一定早就跟小李串通好了。

當男人說話越是理直氣壯，而且把豬朋狗友的名字搬出來做擋箭牌，表面上看起來越是冠冕堂皇的時候，其實往往是最心虛的時候。

男人最死要面子了，若真的是在公司加班，哪一個男人願意讓老婆三更半夜打電

話給同事對質，讓他們看扁自己怕老婆。

唯有跟小李已經說好了：「萬一我的女人打給你的話，就要說我們昨晚在加班。」這種時候才會搬出真有其人的朋友名字出來。

不相信，妳不用打給小李，打給小李的老婆看看。

男人不氣急敗壞地跑過來，而且身手矯捷地一把搶去妳手中的電話才怪。還大聲嚷嚷：「幹嘛啦！都這麼晚了，妳還打電話去打擾人家夫妻幹什麼，有話好好說嘛！真是的……。」

事已至此，妳也大可不必擺出一副晚娘面孔，臭臉地說：「那你說啊！昨晚到底跑哪去了？」

反正男人的牛皮已經被妳戳破，大可氣定神閒地占於上風，待他慢慢的解釋，只是女人可以自問：「妳真的想要知道答案嗎？」

就算讓妳知道了真相又如何，攤牌？要男人發誓不再出去鬼混？那不是又多聽一堆廢話跟謊話，萬一逼得男人惱羞成怒、兩敗俱傷，妳有什麼好處？

有時候，學著睜一隻眼、閉一隻眼，但是將男人的行為舉止都拿捏在手裡，不是更好？

別管太多。

很多事假裝不知道比較好，除非妳想提早失去對方。

不然盡量睜一隻眼、閉一隻眼，別發揮女人天生偵探的天份跟本色。

有句話說：「水清無魚，人察無徒。」

很多事情搞得真相大白，對彼此都沒好處。

如果他某天晚上過了十二點還沒回家，別再奪命連環call，妳越是表現不在意，相信我，男人越會容易反過來心急：「咦？奇怪她今天怎麼沒有打來問我在哪裡？難道她也在外面鬼混？」通常自己犯事的男人，就越容易胡思亂想，搞不好因此他還特地提早回家陪妳。

若是還沒真的正式交往，更不可以犯這樣的錯誤，他若跟妳說他沒有騙妳，就姑且先相信好了。

某次，有個經常輕易犯同樣錯誤的女性友人在MSN上問我：「可是如果我很在意這個男人，一定常常會想很多，然後會忍不住打給他呀！」

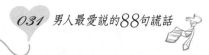

我只能嘆口氣，婉轉地告訴她：「通常男人不會認為那是一種關心，反而多半會覺得是壓力，關心是種心意，不要把它複雜成一種慣性的行為。」

電話打得越多，女人的姿態便顯得越低，越是容易落於下風。

此時，女人仍然執迷不悟地追問：「雖然也覺得那樣才會比較好，可是就是忍不住。如果真的喜歡上了，談感情還要控制自己，那樣豈不是很辛苦？」

沒辦法，這是遊戲規則。

所以一定要忍，誰先忍不住誰就輸。

為了自己不要輸，一定要忍住。

千萬別跟自己說這樣是耍手段，一段感情的維繫本來就是要靠技巧，養個盆栽、訓練寵物都要講究技巧了，更何況是感情。

不是每隻狗都會在妳說：「來、來握手。」的時候，牠就會乖乖地將前掌放在妳的手上。

如果牠會那樣做，通常是曾受過訓練。

感情也是一樣。

因為男人真的很壞，他們有過太多豐富的經驗，所以不會輕易出錯、出手，以免屈居下風。

在電腦另一端的女人聽我說得如此殘酷，在MSN上打了一個嘆氣的鬼臉後，又說：「那我以後要交一個心機沒那麼重的。」

我看對方如此頑固，加上三分天真，不免開門見山地直接回說：「很難，通常沒心機的……」在我停頓的時候，對方又敲了一個疑惑的表情。

我頓了一頓說：「通常沒心機的多半沒有情趣，即使妳對他放心，時間一久，妳還是會覺得兩人在一起太過規律、太過無聊。」

試想，妳真的願意面對一個每天只會說老實話，卻木訥到毫無情趣的男人嗎？

女人有時候也是很麻煩的。

常常妳要的是一種，喜歡上的又是另一種男人。

魚與熊掌既然不可兼得，女人就該放聰明點，試著像駕馭跑車一般，去征服妳喜歡的男人。

「我跟她誰比較漂亮？」不知道女人為什麼很喜歡問這句話。

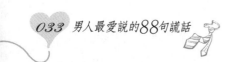

「當然是妳啊！」除非是白癡，不然沒有男人會說另一種答案。

「你騙人！」奇怪的是，女人明明知道自己有可能被騙，還是一定會這樣追問。

「我沒騙妳。」

「你騙人！」

「我真的沒騙妳。」男人就差沒嘆一口氣。

「少來，你最愛騙人了。」有時候女人又寧願男人這樣哄著她，喜孜孜地接受這個只有自己才相信的答案。

男人老實說

男人：「我真的沒有騙妳。」

女人：「我知道，我相信你，因為我也沒有騙妳。」

男人一定會追著問：「妳為什麼突然這樣說，妳有什麼事瞞著我嗎？」

謊言05 我在忙，等下再回電話給妳。

他的電話響了好多聲才接，好不容易他一接起來，背景聲音卻是吵雜的人聲鼎沸，妳還沒開口，他就跟妳說：「我在忙，等等打給妳。」便啪的一聲掛斷了。

千萬別懷疑，他真的是在忙，忙著招呼別人，客戶、債主、上司、家人、情人、下一個妳都有可能。

不管如何，千萬別等不到十分鐘，又耐不住性子打過去給他，那樣只會火上加油，對事情絕對沒有幫助。

這樣也會使女人顯得小氣，試著深呼吸一下，再吐口氣，千萬別急躁，一急就壞事，一壞事就落於下風，一落於下風，之後說再多也沒有用。

這還算是好的。

他願意直接在包廂現場接電話，表示還沒真的瞞妳太多，若是響了超過三、四聲

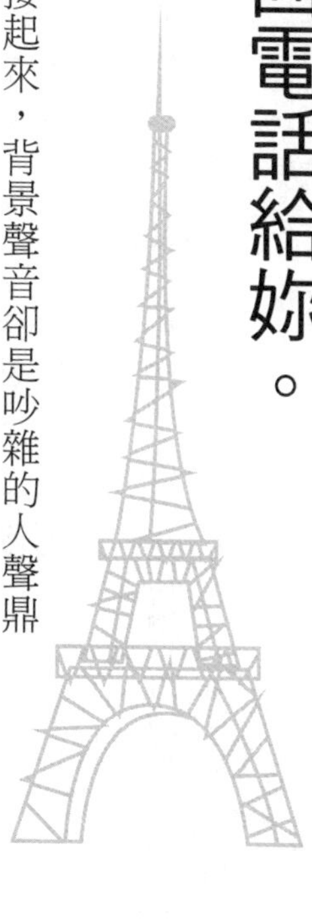

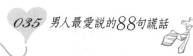

才接起電話，背景聲音又十分空洞，甚至像有迴音，那八成是他走入包廂附設的廁所後，才接起妳的電話。

必定有鬼。

若是過了半個小時、一個鐘頭，他都還沒有回電，而你們還只是男女朋友的階段，一半機率是他真的在忙著處理公事，一半機率是他忙著安撫另一個女人，聰明的女人心中自有一把尺。

如果過了不到五分鐘，他就換了一個背景聲音比較安靜的地方，要嘛就是他有事情瞞著妳，剛剛身旁有人，讓他不方便暢所欲言和妳說話。

但是他也同樣地在乎妳，怕妳不開心、會生氣。

此時，就看妳自己要將理性的天秤偏向哪一邊：安慰自己，對方好歹在乎妳；或是撕破臉大吵一架，計較對方居然有事瞞著妳。

最好的建議是：不必打破砂鍋問到底，因為這種情況下在電話中也一定問不出個所以然。

不然，就是自己捫心自問一下，過去是否曾動不動就在他跟朋友、同事、客戶去應酬、唱歌時，類似如此一點微不足道的事情，妳就無理取鬧地發脾氣，甚至摔過電話。

幹嘛摔電話？

往往男人最搞不懂女人的地方就是：不是奪命連環call到非要找到自己不可，卻在好不容易找到人後，生氣地將電話摔在地上。

如果對方已經不接電話，打了好幾通，不是在忙線中，就是響了沒人接，先等會再說。

千萬別隱藏自己的來電顯示，或借用朋友手機再打一通過去，萬一他剛剛不接妳的電話號碼，這次反而接了，妳不是更尷尬。

聰明的女人不會讓自己下不了台。

這種事情證明自己是對的，也贏不了什麼。

別讓自己連一點轉圜的餘地都沒有。

男人不接根本沒有什麼理由，不外乎不方便。

既然任何答案都是妳無法接受的，就要學會先假裝不知道，反正是假裝的，妳又不是真的愚蠢得什麼都不知道。

但是如果假裝不知道，就一定要假裝到底。千萬不要事後又有意無意地暗示對方，自己其實已經知道一些他不想讓妳知道的事情。

切記，再提醒一次，當打電話找不到對方時，千萬不要換號碼或是隱藏來電號碼撥給對方，萬一這樣男人反而接了，情何以堪，如何收場，真的打算要吵得不可開交嗎？

男人說在忙，妳就當做給他面子，當他真的有正事好了，不然萬一是妳誤會了，反而在他朋友面前留下不好的印象，以後要怎麼跟他的朋友相處？更糟的是，萬一妳沒有誤會，豈不是更尷尬。

「我在忙。」

這句話當然有一部分是應付妳，有一部分是正在做些不想讓妳知道的事。但是也不是如此絕對，也許他事後會跟妳解釋，但即使是當下的補救也不比當初相戀時的真心了。

還記得剛談戀愛時，即使再忙也會想要聽妳的聲音，再難也想見上一面，所以有空、沒空不過是在不在乎妳而已。

總之，「我在忙」跟「我不方便跟妳講電話」是差不多的意思，只不過一個比較婉轉而已。

男人老實說

其實現在酒店K房跟情趣旅館都有背景音樂可以選擇了，我就去過有百貨公司、捷運車站、電影院、銀行、大馬路……等音效背景可供選擇的旅館。

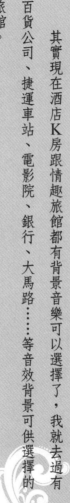

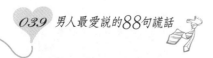

謊言 06

我沒空。

男人對女人說沒空其實是很不禮貌的。

如果妳的男人屢次說：

「我很忙。」

「改天再打給妳，我正在開會。」

「我這幾天都沒空……。」

妳不會笨到還往下問：「那過幾天呢？」

如果男人都這麼說，就別再不識相地問：「為什麼？」

某種含意上，「我沒空」代表我不在乎妳。

如果真的在乎一個人，一定會渴望看到妳，怎麼會推託沒空，天大的事情都可以擱在一旁。

換作是妳，若真的想見到一個人，妳會怎麼做？

所以，別替對方、也別替自己找理由。

有時候，硬要替自己找台階，最後只是製造更多難看的場面。

早點清醒吧！

對方跟妳說沒空，大部分的時候是表示：妳還不夠重要。

當男人對女人這樣回答的時候，聰明的女人充其量笑一笑掛上電話，電話簿裡又不是只有這一個男人的電話，爽快點，下次搞不好對方心情不好的時候，會再回頭來找妳。

別追問、不要追根究柢，那樣很瞎，只會讓自己更下不了台。

難道一定要聽到男人說：「我就是不想跟妳出去。」才甘心？

聰明的女人才不會讓這種事情發生。

妳要很清楚男人說：「我沒空。」代表什麼意思。

因為妳應該也很常這樣對不太有好感的男人說。

爽快點，搞不好對方還反過來對妳改觀，如果是妳說：「我沒空。」

對方卻很爽快回答：「好，我不會再打給妳。」
妳是不是反而對他稍微另眼相看一點，所以囉！

男人老實說

「我沒空。」
「我等會兒打給妳。」
妳該不會真的傻傻地還在等吧？
別傻了，如果是周五晚上，趁時間還早，約別人吧，免得兩頭落空。

謊言

07

我在想事情。

這只是代表他暫時不想說話而已。

當妳興致勃勃地想跟他分享心情，他卻皺著眉頭，一副若有所思的樣子，似乎在煩惱什麼事沉默不語，有的女人還天真地替男人著想：是不是他有什麼一時解決不了的壓力跟煩惱。

想太多，男人不過是一時累了，不想說話而已。

大部分時候，男人什麼都沒有想。

只是累了。

只是不想說話而已。

但是他也沒笨到會跟妳說：「我不想說話。」

因為，男人希望女人能學著體諒他，不然就會拿「妳都不瞭解我」作為爭執的開

端。

如果男人已經很煩，不管是為了什麼事，而女人還不識相地一直發牢騷，或催促著男人：「我想要去逛街、看電影、買衣服、談談心。」

男人不好拒絕，卻也不想說話，除了說：「我在想事情。」他還能說些什麼。

因為沒有一個女人受得了實話，當男人不想講話，選擇說我在想事情時，其實是給彼此一個台階下。

妳當然可以拆穿他：「在想什麼事情？連我都不能說……。」

男人一般都會回答：「沒什麼。」

女人鍥而不捨地問：「說嘛，說出來，不一定好過點。」還邊搖男人的手臂，再加上無辜的可愛笑臉：「說嘛、說嘛。」越裝越嬌俏，滿臉可愛無辜。

男人被搖晃得受不了，心中嘆口氣，嘴上也只好說：「沒事啦，妳剛說妳想去吃什麼？」

女人於是歡天喜地去換衣服。

因為其實她很清楚。

男人說：「我在想事情。」無非只是不想出門花錢而已。

男人老實說

當男人說：「我不想說話，因為在想事情。」其實多半是一種警訊。

他可能累了，不想說話，很煩，或是更糟的，他只是在想怎麼可以跟妳說：他發覺最近他比較想要一個人靜靜……。無論哪一種結果都不太好，所以還是聰明點，不必一定要打破砂鍋問到底，有時候聽到真的答案未必好受。

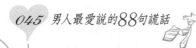

謊言

08 妳的過去我一點都不介意。

屁！他一定會在意。

當對方這樣講，基本上就是表示很在意，通常他只是在套話，千萬別愚蠢到誠心誠意地將自己的過去全盤托出，不在意的不會是男人，寧可他哄妳，也不要跟一個虛偽的男人交往。

千萬不要相信對方，老實地將過去自己跟別的男人的故事跟他講。

就算眼前不在乎，也已經在對方心底埋下疙瘩，遲早會跟妳翻舊帳，不然就是無聊到在床上時會問妳：「我跟他誰比較厲害？」之類的蠢問題。事實上，根本沒幾個男人能夠接受真的答案，而女人除了回答說：「當然是你。」以外還能說些什麼。

難道真的可以老實說：「我前男友比你大很多、技巧比你好、時間也比較久！」還是可以對他說：「他對我比較好、出手比你大方、開的車更拉風嗎？」

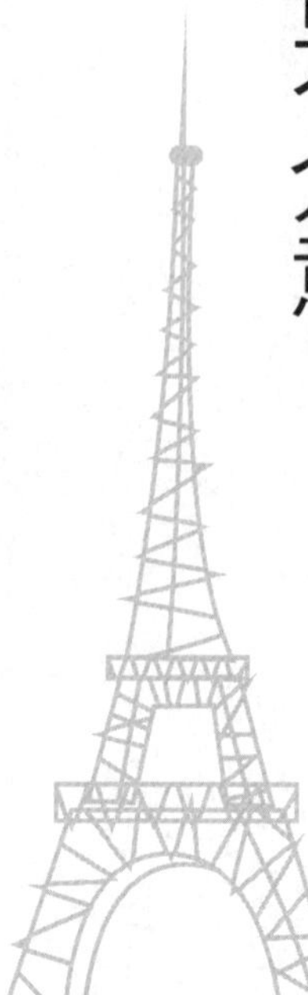

不可能！

沒有男人可以真的毫不介意，只是看他展現的風度到什麼程度，表現出來的態度有多好而已，我不相信有男人可以完全無所謂地接受妳在他面前侃侃而談其他男人與妳的過往，或是聽妳當著他的面，跟前男友講電話而毫不吭聲的。

若妳說妳的男人可以，那八成妳該檢討對方是否「有問題」。

這是天性。

就像一個蠍子要過河的寓言一般：

一隻不會游泳的蠍子在河邊拜託同樣要過河的青蛙順便揹牠過去，害怕的青娃斷然拒絕：「萬一我被你螫死怎麼辦？」

蠍子信誓旦旦地保證說：「我怎麼會螫你，萬一你死了，我不是也會沉到河裡死於非命。」青蛙想想也對，於是答應了帶蠍子過河。

不料，渡河過了一半，蠍子居然用尾巴的毒勾螫了青蛙一下。

等到青蛙不知不覺地毒發身亡，隨著身上的蠍子一起沉到河裡時，牠忍不住問蠍子說：「你為什麼還是要刺我？這樣你自己不是也會死嗎？」

蠍子臨死前卻說：「我知道啊，可是我就是忍不住，這大概就是我的天性吧！」

男人一開始都跟妳說他不會介意，這只是讓妳肯開口的假性承諾罷了。

其實當妳猶豫著問說：「你真的要我說嗎？」男人心中已經一團怒火了。

所以，當妳全盤托出跟以前男人的過去後，眼前的男人不是鐵青著臉，就是沉默不語。

妳不會笨到還反問他：「剛剛你不是說不會介意嗎？」

就像妳也會在乎他的過去一樣。雖然彼此都知道，兩人在一起之前的事情並沒有資格計較，但是誰聽了都會在心底犯嘀咕。

所以，為了以後不會在爭吵時爆出：「我知道在妳心目中我比不上他。」之類的無謂話語，千萬、千萬不要相信男人說：「妳的過去我絕對不會在意。」

他不但在意，而且還很Care地放在心底，萬一妳還跟他說，以前常跟前男友去哪家餐廳喝咖啡，他以後搞不好連經過那間咖啡廳的櫥窗外面，心底都會覺得一陣刺痛不舒服。

「妳的過去我一點都不介意。」當男人有一天這樣跟妳說。

可信度太低。

將心比心吧！他只是在試探、在套話，千萬別感動地說：「你對我真好。」

若是妳的過去有些事情，對方在交往前就已經知道，例如：可能妳本來是他朋友的女朋友、老婆之類的，那更是脫褲子放屁，既然他已經選擇跟妳在一起，更沒什麼好多說的。

他這樣說無非是強調自己的大方。

卻更凸顯他的在意。

既然都過去了，就別再提及了吧！不然妳挖他的瘡疤，他掀妳的痛腳，彼此的過去影響雙方的未來，何苦來哉。

男人老實說

當男人說：「妳的過去我一點都不介意。」

聰明的女人乾脆回答：「那就閉嘴別再問！」

謊言09

我快到了V.S我快來了！

「我快到了！」

那就是他八成會遲到。

男人說這句話時，一定是他發覺自己會遲到，或是妳已經先到了，甚至已經等了他一會兒，所以各種看似合理的藉口都出籠了。

「路上塞車。」

「公司突然打電話來，老闆找我一下子走不開。」

「路上先拐去幫妳買禮物……。」（這還像樣點，有準備賠罪禮。）

這時不要生氣，生氣也對事情沒有幫助。

男人願意這樣說，已經有點心虛跟理虧，而且他也有萬分之一的可能，是真的碰到了塞車，或是路上碰到什麼難以處理的事情被耽擱了，雖然可能性極低。

基本上，男人打電話來說：「我快到了。」

除非是惡作劇，會在下一秒就轉身出現，不然他一定會遲到五到十分鐘。

妳罵他幹嘛？

明知道他在說謊，在電話那頭罵他，是希望他不要來呢？還是碰面是為了再吵？

建議女人暫時壓抑怒火，享受等下男人誠惶誠恐的心虛、賠不是和哄妳的好處。

搞不好妳一直想要那間櫥窗裡的名貴大衣，但他之前卻捨不得買，馬上就刷卡送給妳。

「我快到了。」

雖然表示會遲到，但也是證明他一定會到。

就跟男人在床上時，做愛到中場時，對妳說：「我快來了。」一樣。

那一定是馬上就來了。

妳就接受吧，總不能一把將男人推開吧。

如果男人在來的路上跟妳說：「他快到了。」

無非是打預防針，希望妳有所心理準備而已。

此時，聰明的女人就應該要思考一下，在平常的日子裡，是不是還有很多事男人都已經有先打預防針的習慣了。

男人老實說

M：「我快到了。」

下次當男人在電話裡對著早已等了十分鐘的妳這樣說，試著心平氣和、溫柔地說：「好，你慢慢來、別急，小心開車，那我先去選等下要買的東西。」

謊言10

無論妳變的多老、多胖、多肥，我對妳的心永遠都不會改變。

別傻了，如果妳變了，他一定也會改變的。妳也受不了原本風度翩翩、氣宇軒昂的男人，有一天變成大腹便便、禿頭、不修邊幅、邋裡邋遢的中年糟老頭吧！

感情都會褪色，跟使用多年的壁紙一樣。所以，女人千萬別以為這是男人對妳許下的千金承諾，一定要死命地努力維持青春身材跟外貌。

即使面霜再貴，都要給它整罐抹上去，千萬別輕易蓬頭垢面地出現在男人跟他的朋友面前。男人都死要面子，尤其是在其他男人面前，一個令他在同儕面前有面子的女人，他一定會愛不釋手的，但相反的話，就……。

就算他對妳的愛都不變，並不代表行為不會逾矩。

當妳變成水桶腰，他的眼光已經在關注其他女人的小蠻腰。

男人都很自私，雖然說很多事情都要等到失去後才會在意，但是搞不好妳失去他以後，他並不會回頭也很有可能。

所以，妳千萬不要因為男人說：「我永遠都不會變。」之後，當真自己已經吃了定心丸，於是，就變得不修邊幅或是為所欲為。

他說他不會變心，至少妳的外表也不能改變太多才行。

原本愛不釋手的汽車，男人開了幾年都會嫌棄，就會想要換台更、更拉風、更有質感、更能襯托自己身分地位的車。

同一套沙發在客廳擺久了也會看膩，總想著更有錢的時候，想換一套更新、更漂亮的，何況是坐在沙發上的過氣黃臉婆。

相信我，當女人真的變得又老、又胖、又醜時，男人真的十之八九會變的。

所以，女人一定要讓自己隨時進步，外型難免老去，品味跟談吐可要與日俱增。

因為，有自信的聰明女人，在男人心中的時間一久，只會比徒有外貌的女人來得更亮眼。

下次，男人再說：「無論妳變的怎麼樣，我對妳的心永遠都不會改變。」這句話就隨便聽聽，當作愛情的調味料就好。

男人老實說

M：「無論妳以後變得多老、多醜、多肥，我對妳的心永遠都不會改變。」

W：「可是萬一你變的又老、又肥、又醜、又沒錢的話，我可是會改變的。」

謊言11

妳想太多了，我們只是在談公事而已。

請相信自己的直覺。

妳真的沒有想太多，妳剛剛看到他跟那個女同事的親暱舉動八成有問題。

兩人之間如果真的沒有什麼，女人不會隨便替男人捏起襯衫肩膀上的頭髮，除非他們真的有一腿。

仔細觀察她看他的眼神和他看她的表情，如果會令妳起疑，就他們表示百分之百有問題。

如果男人看電視看到一半，他當著妳的面接到對方電話時，總是閃爍其詞、言不及義，說沒兩句就掛斷。

過沒幾分鐘，就走到書房、或是陽台，回電話給對方，這當然事有蹊蹺。

所以，千萬別相信妳的男人說：「我跟她真的只是普通朋友。」

如果下了班別的女人還經常打電話到家裡來，男人的手機開始不時有對方傳來的簡訊。

絕對有鬼。

男人越說沒有什麼，就是有什麼。

解釋就是想要掩飾，需要掩飾的通常往往不是事實。

此地無銀三百兩。

他們若沒做出任何曖昧的舉動令妳起疑，妳也不會問出這種公式化的答案，不是嗎？

「誰打來的？」

當妳這樣問，他也只能說是朋友或同事，不然勒？

聰明的女人通常不會打破沙鍋問到底，因為真實的答案換作是誰都無法大方接受，所以乾脆放過他。

給男人一點餘地，把他逼急了，搞不好過一陣子他跟那個女人反而成為越來越談得來的好朋友，而妳卻逐漸被降格成普通朋友的地位。

最好的反擊方法不是制止，而是妳也想辦法變成那個女人的朋友。

不然，就是妳也去認識一個男人公司的其他同事做朋友，當他同事打電話來時，故意放大音量讓男人聽見。

因為辦公室戀情防不勝防，那個女人每天都跟妳的男友在辦公室裡朝夕相處，難免日久生情。

除非妳會經常出現，或是妳的男友真的不會心猿意馬外，除了乾脆逼他換個工作環境以外根本別無他法。

或是妳也去應徵，到他公司上班算了。

當然，前提是妳現在身旁男人的條件真的優秀到值得妳付出這種代價。

不然當男人回答以下的話語，通常是有點問題：

「我跟她只是普通朋友。」—↓可疑程度百分之三十。

「我們昨晚真的只是在辦公室加班。」—↓可疑程度百分之四十五。

「她剛進公司，什麼都不熟悉，我是她主管，當然要多照顧她一下。」—↓可疑程度百分之五十。

「妳不要一直疑神疑鬼好不好！」↓可疑程度百分之六十。

「真的沒什麼。」↓語氣越虛弱，可疑程度越大。

「她住的比較遠，太晚了，我順便開車送她回去。」↓完了。

男人老實說

M：「妳想太多了，我們只是在談公事而已。」

W：「是嗎？一定要下班後談，那你乾脆約她回來家裡談算了，搞不好我還可以幫你們出點意見。」

謊言 12

我的心裡只有妳一個人。

他說謊，這句話跟「除了妳，我心裡沒有別人」一樣不可靠。

每個人都有過去，很多女人寧可男人拿自己跟外人比較後，卻選擇自己，也不希望對方將自己當成孩子一樣來哄騙。

一般男人的腦海中難免有好幾個抽屜，裡面裝著不同的回憶：初戀情人、暗戀對象、前女友、前妻、好友的老婆、名模……等。

女人心裡又何嘗沒有幾個裝著回憶的抽屜：前男友、前夫、偷情的對象、第三者、閨中密友的男朋友、男公關、初吻或初夜的對象、偶像男星……等。

男人若說：「我心裡只有妳一個人。」

還不如說：「我最在乎的是妳。」還來得實際一點。

但有很多無聊的女人，又會抓住語病追著問：「那你還在乎誰啊？誰啊？

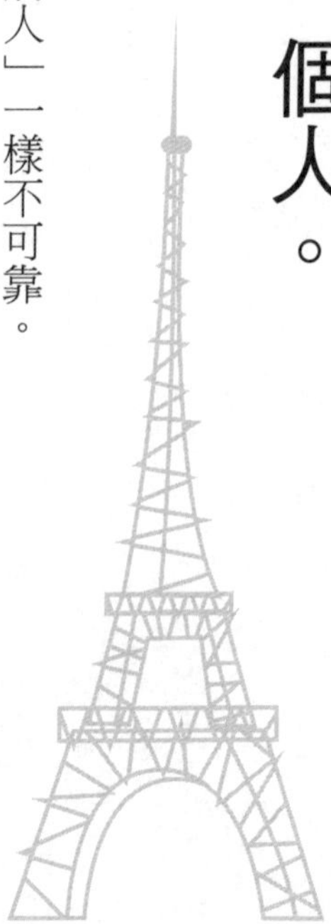

說……。」

逼著男人只好選擇說：

「我只有妳一個人。」

「我只愛妳。」

「我的眼裡除了妳沒有別人。」

拜託，別傻了，怎麼可能。

說的出，也絕對做不到，這些話甚至是很多男人連說都不好意思說出口的。

那是幼稚的男人才會說的謊，但是女人偏偏愛聽。

沒有男人會笨到跟妳說：「其實我心裡還有別人。」

只是女人太愛問問題。

拜託……千萬不要問每個女人好像都會問的標準問題，例如：

「你在哪？」

「為什麼不接我電話？」

「幹嘛老板著一張臉？」

「那個女的是誰？」
「你到底在幹嘛？」
「你的心底是不是還有別人？」
妳究竟希望男人怎麼回答？

男人老實說

聰明的女人絕不會去問那種答案是自己承受不了的問題。

謊言13

我所做的一切，都是為了妳。

當他又做了令妳難以忍受的事情，或總是對妳管東管西，卻說一切都是為了妳。

錯！別信他，他所做的一切，百分之八十以上都是為了他自己。

當男人干涉太多，不希望妳穿著暴露、花枝招展，是怕妳招蜂引蝶，太快被別人把走。

怕妳吃得太多，是怕妳變胖、身材走樣，他喜歡的小蠻腰會變成游泳圈。

怕妳太累，不讓妳出去工作，其實是怕妳見識太多，懂得比他還多，或是將來比他在事業上更有成就，遠勝於他。

他自以為是的干涉，妳還以為是他過於保護，希望妳做隻乖巧的籠中鳥，最好哪兒也不去，每天待在家裡相夫教子。

但是男人多半又貪心，時間一久，又拿妳跟別人比較，嫌妳不跟流行，不會打

扮，談吐無味，每天只會計較柴米油鹽的價格跟討論連續劇劇情，不然就是窩在家裡打麻將、做家事、帶小孩、沉浸在連續劇裡，完全忘了當初是他希望妳辭了工作，自己一口答應要照顧妳的。

所以，女人一定要會保護自己。

經濟要學會自主。

擁有自己的社交圈跟生活。

隨時補充新資訊。

若是什麼都聽男人的，到最後吃虧的一定是自己，他以後不但不會感激妳的乖順聽話，反而會嫌妳說：「我怎麼知道會這樣？妳自己應該要有點主見啊！」

身為真正的男人，不管是台面上、還是私底下，當他為了女人做了某些事，不一定需要讓對方知道。

有一種男人成天嚷嚷：「妳知道我為妳付出多少嗎？」

這種男人實在糟糕，難道一定要妳回他一句：「我又沒要你這麼做。」他們才甘心閉嘴嗎？

還有一種男人，女人都已經這麼說了，還繼續扯個沒完、吵個不停的更是差勁。交往應該是妳情我願、不是互相比較，誰付出的比較多，這樣男人的分數其實高不到哪裡去，聰明的女人不妨私下仔細考慮清楚兩人未來的發展性。

但是，女人最糟糕的，就是容易自己說服自己：

「其實他也有不錯的地方，他有的時候對我也很好……。」

一旦這樣告訴自己，其實就是鄉愿的一種表現，自我安慰是最沒必要的。

當男人跟妳抱怨說：「我每天加班應酬還不是為了讓這個家更好、賺更多的錢！我在外面拼死拼活，為的是什麼？我也不想去酒店委屈自己跟那些大客戶、還有公關小姐應酬啊！」

當他摟著那些小姐的腰時，他說：「妳知道我對妳有多歉疚多委屈嗎？」

如果這樣妳還信他，還泡熱茶對他說：「老公你辛苦了。」

活該妳吃虧。

「我所做的一切還不都是為了這個家。」

男人一定會為自己做的事情找藉口，讓自己的偏差行為變得冠冕堂皇，至於相不相信完全取決於妳。

男人老實說

M：「妳知道我在外面工作有多辛苦嗎？」

W：「那我也回去上班好了，我當初的薪水又不比你少。」

謊言 14

我一定會負責任的。

「我們這樣會不會太快？」

很多女人明明都已經被男人解到最後一顆鈕扣了，還會突然試圖輕輕推開男人，紅著臉、邊喘著氣問說：「你會不會覺得我很隨便？」

當然不會。

當妳欲拒還迎，他氣喘吁吁，手腳也不可能停得下來。

他若不覺得妳隨便，現在也不會壓在妳身上了。

但是當下男人當然會跟妳說：「不會太快。」

誰會在這個時候翻身而起、正襟危坐地回答：「嗯，真是不該這麼快，好，那我叫車送妳回家。」

「你會負責任嗎？」

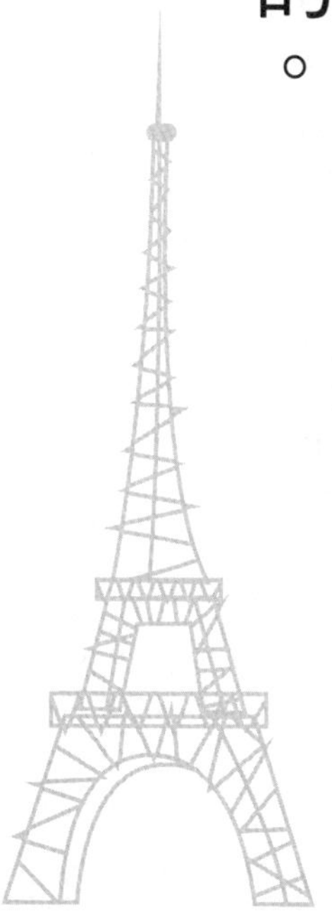

「當然會，我一定會負責任，以後會好好對妳的。」

男人得逞前，都說他會負責任；到手後，這句話很少會再聽見。

這就是男人，男人習慣說謊，而女人喜歡聽假話。

當女人越容易被他得到，他越不容易珍惜。

所以，奉勸女人還是要謹守最後一道防線，不要輕易被突破重圍。

但是現代的女性也未必全然如此，我就碰過一個在事業上春風得意的女強人，她就曾笑著跟朋友說：「笑話，誰玩誰還不清楚呢！大家都是成年人，誰要你對我負責任，你想要負責我還怕麻煩呢！」

她完全擺出一副《慾望城市》中女主角的態度和行為模式。

她說每次做完愛，十次有九次，只要男人一說出：「我一定會對你負責的。」這句話，她就感到極度的厭惡，然後自問：怎麼會跟這樣拖泥帶水的男人上床？腦海中只想著非把他趕下床不可。

她心想：你有沒有搞錯，我是一個成年女人，事業有成、經濟獨立、身體健康又沒癱瘓腦死，或失去行動能力，心理、生理、思考一切自主，今天的事情完全是氣氛使然、你情我願，誰需要你來對我負什麼責任？幹嘛講這種破壞氣氛又解high的話。而且，你能為我負什麼責任？結婚嗎？你願意娶，我還不見得肯嫁哩！

我的事業正在起飛，誰要放棄一切為了你，走進廚房洗手做羹湯，她多享受在偌大的會議室中，一堆西裝筆挺的男人正襟危坐聽她發號施令的快感。

她喝了一口酒，接著說：「我又不是小女生，男人嘴巴再怎麼說愛妳會負責，萬一不小心有了，躺在冰冷手術台上夾娃娃，承擔風險的還是女人自己，他能負什麼屁責任？」

在妳告訴他懷孕的時候，搞不好他還很傷人地反問一句：「真的是我的嗎？」

一切都要自己負責。

自己都要負責一切。

女人交叉了一下大腿，她說最受不了有人把結婚當成是對感情負責任的做法，學日本偶像劇中的男主角說：「讓我們以結婚為前提交往吧！」

「噁心死了。」她說。

若男人跟她說這句話，大概會讓她這位現代女性立刻落跑，她說：「我不是小女生，不但不會感覺感動，還會為了自己居然這樣被男人小覷而深深反感。」

就因為發生過一次關係，男人就以為女人一定要對方負責？

那種沙文主義的結婚動機，事實上頗貶低、小看女性，為什麼要由男人來對女人負責任，好像在說女人的思考能力不夠格為自己負責任似的。

為何不是女人對男人負責？

何況大部分的男人說得出，又做不到。

如果女人一旦認同「男人跟女人交往，乃至於發生性關係，男人就應該要『負起責任』把女方娶回家」這種觀念，等於承認女人就是次於男人的第二性，否則一張床上二個人一起進行的愉悅活動，為什麼女人不需要為男人負責任呢？

男人求婚就等於負責？

真是開玩笑，戴套就夠了。

現代的女性應該更看重自己，結婚的唯一理由是為了深愛一個人，願意執子之手、與子偕老，貧富、禍福與共。

如果這個男人不是為了愛妳，愛到非妳不娶，光是為了負起什麼狗屁責任就要跟妳結婚，那豈不是所有援交妹都要嫁給嫖客了。

時代在變，現在的女人越來越獨立，每個人都要為自己負責，當女人決定付出的那一刻，她要的或許不是責任而是享受。

那個獨立的女性友人喝了一口紅酒、又吐了一口煙，她輕啟紅唇說：「拜託，請不要為我負責任。」

然後，瞇著迷濛的雙眼轉過頭，看著身旁的男人說：「我們可以買單走了嗎？」

男人老實說

M：「我會對妳負責。」

W：「這種事你情我願，誰也不必對誰負責好嗎？你要負責我還怕麻煩勒！」

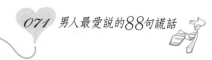

謊言15 我只是把妳當妹妹。（純友誼）

「我只是把妳當妹妹」他跟妳這樣說。

「我跟他只是朋友。」妳跟自己這樣說。

哪有這回事？他當然是對妳有興趣，才會聽妳訴苦。

女人大可以利用這點，趁他還對妳有興趣時，要求對方做妳的公差，聽妳抱怨、借他的肩膀訴苦、幫忙刷卡、管接、管送、幫忙搬家、修理家電、組合IKEA的家具，至於妳要不要對他付出，那是妳自己的事情。

「我跟她只是朋友。」

當然，如果有一天妳的男人解釋，他跟那個時常會一起順路下班，還送對方回去的女同事，他說：「我們只是朋友。」當然是放屁。

聰明的女人很清楚也早就明白，男女之間沒有友誼，沒有這回事，雖然不能說絕

對沒有，但機會微乎其微。

男人經常會言不由衷：「我只把妳當哥們。」

如果那個男的對妳這麼說，別傻了，要不是他想利用妳認識妳的閨中密友，不然就是妳真的長得其貌不揚，或是平常可以利用妳幫忙跑腿，或是寫作業、打公文。

「他說他只是把我當妹妹。」誰都不會信這句話。

會講這種話的男人真該打屁股。

如果妳腿是腿、腰是腰、身材高䠷、臉蛋標緻、皮膚白皙、聲音甜美。

他會只甘心把妳當妹妹？殺了我吧。

會愚蠢地相信這句話的女人也聰明不到哪裡去，也很有可能是會受電話詐騙的上當族群之一。

當女人還在天真無邪地替對方辯解，我也只能搖搖頭還有老實說，會講這種話的，通常稱不上什麼好男人，不過是個普通的差勁男人而已。

如果不幸妳真的長得還不錯，臉蛋還有身材都是上上之選，只有少數的笨女孩還會這樣相信男人的言論，因為通常這樣的女人身邊都有一群搶著獻殷勤的男人。

「我對他根本沒有感覺啊。」
那是指妳對他，誰知道他心裡真的是怎麼想。
「可是……我真的有純友誼的男生朋友呀！」
女人還在做垂死的虛弱掙扎。
那或許他是GAY。
妹子，很多事情妳沒發現，並不代表沒有發生過。
「……。」女人聽了終於甘心死心。
女人垂死前，又忍不住補問一句：「你的意思是說，你沒有純友誼的女生朋友囉？」
我點點頭說：「如果扣掉有利害關係的不算。嗯，是的，沒有。如果誰有，請妳告訴我。」
請他摸著良心說。
別傻了。
很多女人跟閨中密友說：「他只把我當妹妹。」

其他男人聽了只會在心中說：「屁哩！」
除非妳長得真的很安全，那他跟妳說：「我只把妳當妹妹。」就是在拒絕妳。
不然說這句話，一定沒安好心眼。
「我只把她當妹妹。」→他對她有意思。
妳跟他告白，他卻回答妳：「我只把妳當妹妹。」→他擺明了拒絕妳。
妳根本沒跟他告白，他突然跟妳說：「我只把妳當妹妹。」→他可能對妳有意思。
「我只是把妳當妹妹。」→他在騙妳。
「我跟他只是朋友。」→妳在騙自己。
「我的男友只把她當哥們。」→要嘛他們一起在騙妳。

男人老實說

M：「我只把妳當妹妹。」

W：「是我長得不夠漂亮，還是你是GAY？」

謊言16 我會跟她離婚的。

又不是沒看過連續劇。

妳該請說這句話的男人別小看現在願意做第三者的女性。

一個是除了名份，什麼都沒有。

一個是除了名份外，什麼都有。

年代不同了，現在的第三者早已經深思熟慮過才願意當這個身分。

如果男人的條件不佳、出手不夠大方、社會地位不夠顯赫、行頭不夠，有的女人還不屑沾邊呢！

何況，私底下除了正宮娘娘之外，男人的哪一個朋友、客戶不知道自己的存在，很多場合根本還是妳跟他連袂出席、招呼熟絡的呢！

因為男人對自己有所歉疚，於是擁有更多的福利跟好處。

現在的情婦寧可選擇繼續做第三者，幹嘛要正名？扶正了以後，就沒有現在的自由跟福利，還要變成以前同樣擔心、害怕的那個人。

現在動不動就可以發牢騷，因為我不是家裡那個人，所以男人會心疼呵護、會買手飾跟名牌包包來哄我，幹嘛要爭取變成那個守在家被男人當成理所當然，什麼都沒有，只會彼此擺臉色的兩個人。

現在多好，每個星期只要見兩次面，晚上男人走了之後，女人有大把自己的時間可揮霍。

要逛街就刷男人的卡，男人吭都不會吭一聲。

「什麼？你要跟你老婆離婚！」

「不，不要。」

別說我不相信你，我還怕你回去真的跟她離了婚。

女人心想：自己又不是十八歲剛出社會的黃毛丫頭，怎麼還會相信這句話的真實性，或是被感動。

何況，男人說會回去跟她離婚的這句話，不知道已經跟前幾任的情人說了幾百遍。

第N次，離婚就變成了男人掛在嘴上的「口頭禪」。

難得碰到一個外遇的對象，居然勸他千萬不要離婚的，搞不好男人心中還覺得比較有新鮮感，還認為這個女人比較懂事、貼心、會體諒，不會吵著要完全擁有他，鬧著要離婚。

男人心想：我真的應該對她好一點。

天知道，女人面對這種事又不是第一回了。

在她眼中，男人都一個樣。

每個男人都以為女人一定想要結婚，當她選擇做了第三者，女人根本就沒奢望男人會跟家裡那個人離婚來娶她。

先不說現實生活中萬一離婚，男人身家就少了一大半，女人自己也沒把握可以嫁雞隨雞，去豪門裡做一位乖巧的媳婦。

一入豪門深似海。

男人握著女人的手：「我一定會回去跟她離婚的，妳等我……。」

女人連忙認真地回答他：「不必，我不要你為了我犧牲你的家庭跟事業、還有名聲，你只要對我好就好了。」語氣溫柔的簡直融化了男人的心。

男人感激涕零，他發誓下星期就會訂下女人一直想要的那輛跑車跟鑽石項鍊給她，以彌補她的委屈。

女人鬆了一口氣。

她還真怕男人失心瘋，為了她回去跟老婆離婚。

男人老實說

M：「為了妳，我會回去跟她離婚的。」

情婦尖叫：「千萬不要！」

謊言 17 我下次絕不會再動手了！

雖然「男人不壞，女人不愛」，但是會打女人的不是壞男人，是壞人。

女人跟我訴苦：「我的男友好壞，他常常在爭吵時對我動手。」

妹子，聽我的勸吧！

遇上這種人趕緊果斷地離開，別還試圖妄想妳是唯一可以改變他的女性，會動手打女人的男人，先天心理上有種劣根性。

就算他會改，通常也是短暫的，十之八九會再犯，在沒付出更大代價前，安全離開吧！別讓一段感情留下難以磨滅的傷痕，無論是誰付出代價都不太好。

女人通常最大的毛病就是母愛徒然氾濫，總以為可以改變那個男人的行為舉止。

當他又動手，事後一再懺悔，女人又選擇原諒，卻再次遭遇家暴，情境一再地惡性循環。

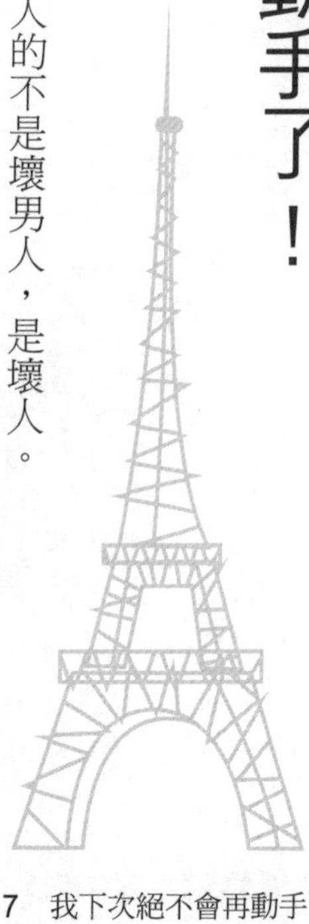

男人一直告訴女人說：「我一定會改，絕對不會再喝醉，絕對不會再動手。」女人也淚流滿面地再一次相信男人，然後又再倒數下一次對方動手的時間。

漸漸地，她還失去周遭人的同情。

有一就有二，有暴力行為的男人，尤其是會動手打女性的人有先天劣根性的基因，很難改變了。

「我下次絕不會再動手了！」

當他又這樣說，千萬不要再相信了，在還沒造成更大傷害前，趕緊離開對方吧！

絕、對、沒、有、好、下、場、的！

男人老實說

女人跟閨中密友說：「他又動手打我。」

好友回答：「妳執迷不悟，純屬活該。」

謊言

18 妳要好好照顧自己。

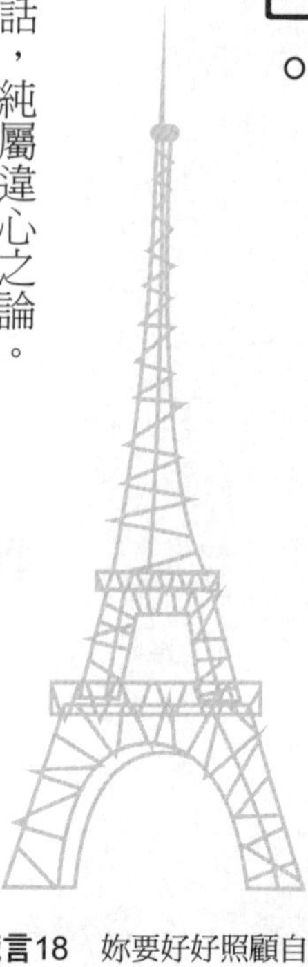

「好好照顧自己，不然我會心疼。」這一句話，純屬違心之論。

他才不是真的這個意思。

他跟妳分手後，還要妳好好照顧自己？

這真是一句笑話，他只是想讓自己好過一點。

沒錯！妳沒聽錯，他只是想讓自己好、過、一、點。

當一個男人這麼說，只有無知的女孩子才會以為男人還在關心她，也只有笨蛋的好男人，才會自以為這麼說是在關心對方。

屁！大多數的男人不但不希望妳好過，反而還希望妳還是一個人，不會屬於別人，依舊一直懷念他。

若是男人發覺女人跟自己分手後，居然過得比以前快樂，沒有幾個人真的開心得起來。

男人最不堪的經典話語之一，就包括這句話：「以後妳要好好照顧自己。」

男女之間有一些話是絕不可以輕易說出口的。

最糟糕的男人，就是跟對方分手後，還丟下這麼一句話。

都分開了，還跟對方這麼說，他到底還是不是男人？

比這更糟糕的是，反過來，男人被女人說：「以後你要好好照顧自己。」

被女人同情的男人很可憐。

男人若希望對方能好好照顧自己，幹嘛還離開她？

對方若真的將自己照顧的很好，幹嘛還需要男人說這句話提醒她。

若真的心疼她，為何會願意讓她被別人照顧。

男人自己都做不到的事情，還要求剩下一個人的對方要做到，會不會過分了點？

不但分開後不該跟對方這麼說，還沒真的成為對方的男人前，更不可以這麼說。

男人是同情嗎？還是自以為是？憑什麼認為自己有資格可以這樣跟對方這麼說。

當男人跟妳說：「要好好照顧自己。」通常是別有居心的。

若是一個男人看到女性朋友形單影隻，然後不識相地上前關心，說：「妳要好好照顧自己。」

只有資質平凡的女人，才會被感動，認為對方居然會關心自己。

聰明的女人只會認為：「怎麼？你是認為我看上去很可憐，需要人同情嗎？」

如果女人再長得漂亮一點，一天可能要聽男人說個五、六次，叮嚀她要好好照顧自己的話。

若是一個女人跟男人說：「放心，我會好好照顧自己的。」意思大概就是叫對方死了心，別再想我差不多一樣。

「好好照顧自己。」這一句話，還是能不說，就不要說。

當男人跟女人說：「好好照顧自己，不然我會心疼。」

有時候，「好好照顧自己」，也代表沒事別來煩我，但是妳也別真的過太好、太開心。

男人這樣說，一半是他想表示他還關心妳，但是並不想重新在一起。

等到他發現女人真是伊人憔悴，還在思念離開的自己時，男人只會覺得虛榮比心疼多一些而已。

所以女人一定要反駁這句話。

告訴對妳說這句話的男人：「我一定會照顧好自己。」

不勞費心，不需要分手了，還讓男人帶著一顆驕傲的心情離開。

男人老實說

M：「你一定要好好照顧自己。」

W：「放心，我一定會讓自己過得很快樂的。」

謊言19

不過是紀念品，有什麼好緊張的。

當女人看到男人繫上一條別緻的名牌領帶，或是多了一對精緻的袖扣，隨口問：

「這條領帶什麼時候買的？」

「這對袖扣蠻別緻的，你哪天買的，我怎麼不知道？」

男人淡淡地回答：「哦，這只是公司客戶送的紀念品。」

假裝若無其事，假裝顧左右而言他，假裝急著出門，必有蹊蹺。

女人在腦海中亮起可疑的一個燈。

女人很清楚，男人有時總會收到一些小禮物：領帶、皮夾，手機、股票分紅等等之類的紀念品或贈品。

但無論禮物大小，男人過去都會讓女人第一時間知道，這表示他有多麼能幹、多麼重要，公司或是客戶朋友有多麼重視他，或是巴結他，所以才要送禮物來討好

他。

男人都好面子，也沒有不虛榮的人，只是程度不同而已，有哪個男人不希望女人認為自己在外面吃的開。

就算被請吃一頓飯，結了婚的男人都會回來炫耀半天：「妳知道今天總經理特地請我去吃飯嗎？整個業務部門三十幾個人，他只有請我一個人吃飯，原來是要先告訴我，我下個月要升職了。」

回到辦公室，同部門的同事小李還送他一個名牌打火機，希望以後多介紹些客戶給他；談成生意簽約的客戶，還送男人一個新型手機或是公事包表示答謝，這些林林總總的小事，男人都會跟女人分享他的小小成就跟喜悅。

可是唯獨就是這一條領帶，而且還是GUCCI的？

這一對精緻的袖扣，還是什麼萬寶龍的？

女人在心底嘀咕：「居然沒有告訴我什麼時候收的禮物。」

如果只是公司的紀念品，只會有公司的徽章，哪會送這麼好的貨色。

於是，整個晚飯時間，男人都憂心忡忡，懊惱自己幹嘛今天出門要打這條領帶？

女人都若有所思，喝湯、上前菜的時候，她都盯著男人脖子上的領帶。為何這件看起來明明微不足道的事情，他卻沒有告訴妳，這是為什麼呢？是不是因為這一次送禮物給他、拉攏他、討好他的可能不是單純的生意夥伴或是客戶，可能是客戶以外的人，或是酒店的公關小姐，或是外面的女人？

送一條領帶，哼，當老娘剛出社會嗎？還不是想套住我的男人。她想到這邊就狠狠地用刀叉切下一塊牛排！

若是正常的情況下收的禮物，男人會向妳炫耀，若不是，他當然就要想辦法千方百計地隱瞞和掩飾了。

其實原本收收禮物沒什麼，但是男人居然不小心將它戴了出來，表示有將對方的心意放在心上。

試想，換作男人也不太能接受妳穿著另一個對妳有意思的男人送的洋裝，還和他走在路上吧！

於是，嚼在口中的牛排越來越食之無味，難以下嚥。

回到家，女人仔細地用眼角瀏覽一下。好啊！原來不僅僅是領帶，男人衣櫃裡忽然間還多了一些沒品味的小李不會送的精緻打火機、還有全新包裝的剃鬚刀（自己的男人只用刮鬍刀，女人會不知道嗎？）、名牌皮夾、鑰匙圈、沒拆封的名牌皮帶，現金夾……等之類充滿心意的貼心禮物。

於是，接下來到了週末假日，男人都顯得坐立難安，找盡藉口說要加班或出門陪上司應酬，如果實在脫不了身，也是心不在焉，而且每隔幾分鐘就要撥一個電話，不知道打給什麼人？還閃到一旁竊竊私語，女人又不是笨蛋，到了這個時候，若還要跟這個男人走下去，還不跟男人攤牌說清楚，只會讓事情越來越惡化。

女人不經意地問：「那個皮夾誰送的啊？看起來還不錯。」

男人誠惶誠恐地回答：「沒有啦，不值錢，小李出國順手帶回來的紀念品。」

女人再追問：「看來是名牌欸。」

男人小心翼翼地回答：「小李怎麼會送那麼貴的東西給我，是假的啦！」一副隨手就想要收起來的樣子。

女人狡猾地說：「既然這樣，下禮拜，我姑姑的小兒子的女朋友他生日就當做禮物送給他好了……拿來！」

男人除了說好之外還能說些什麼。

男人老實說

女人一旦發現男人有可能出軌的蛛絲馬跡，當下不當機立斷，必有後患。

謊言 20

妳不喜歡，我都可以為妳改！

「我可以改。」男人一旦犯了錯，就會說我會改。

而且改了再改，一改再改，最後連原來的樣子都忘了。

「妳不喜歡，我都可以改。」

要不然就是說：「我都改了，為何妳還是不喜歡。」

很多男人根本不明白，對方就是因為喜歡你當初的樣子，幹嘛改？

往往就因為男人聽了女人的話改了，最後還改得四不像。

女人也發覺錯了，又忘了男人當初吸引自己的模樣，卻又死鴨子嘴硬不願意承認自己要他改變是錯的，於是通常的結果是惱羞成怒、選擇離開。

改？有什麼好改的，勉強是沒有幸福的。

千萬別隨便改來改去。

何況男人說要改變，根本是改變不來的。

當男人跟女人說：「我會改。」

那只是推拖之詞，只是希望再多一次機會，只是想再多拖一點時間。

就算他會改掉壞毛病，時間一久就會故態復萌，還是會忍不住喝酒、晚歸、遲到、賭博、發脾氣、不耐煩、偷看妳的手機簡訊、上廁所忘了翻馬桶蓋。

他嘴上雖然說這次一定改，但是隔沒幾天，那群妳討厭的豬朋狗友打電話來邀他，他還是會想辦法說服妳讓他去，最後妳還是會答應的。雖然妳忘不了上次大夥來家裡看球賽後的浩劫，後來還必須找水電工來通客房的馬桶，而且他的哥們還敢嫌妳做的下酒點心份量不夠、味道不夠鹹。

每次男人惹了女人不高興，都會心不甘、情不願地道歉認錯，然後丟下一句：「我會改，不會再這樣了。」

女人明知道男人一半可能是在說謊，還是願意告訴自己，也許這一次另一半是真的，男人每次都會過關，其實是妳自己放他一馬的。

他跟我說：「這次一定會改。」

女人的閨中密友聽了只有搖頭的份。

等到下一回，男友又打電話給妳，說他又喝醉了、發酒瘋，現在要妳去接他回家；還是地下錢莊又打電話給妳，說他在外面又賭博欠錢沒還；還是又被妳的好朋友看到他摟著別的女人的腰走出旅館，妳還要選擇相信他說下次我一定會改嗎？

切記！男人說：「我會改。」

就跟女人說：「我絕對不會吃醋。」或是「不再買衣服。」一樣不牢靠。

妳自己都做不到的事情，怎麼會相信他會做得到。

對方只會一再故態復萌，直到妳再也受不了為止。

女人痛下決心說：「你說會改的，但是你根本就什麼也沒改，我們還是分手吧！」你不只一次跟他這樣說。

男人求饒回答：「求妳不要走，我什麼都可以改！絕對不會再有下一次了。」他也不只一次這樣跟妳說。

男人當然在乎妳，當妳說要跟對方分手，他可以連尊嚴都不顧，千方百計地挽留妳，如果男人在妳提出要分手的殺手鐧時，他還故作瀟灑，一副無所謂、死要面子、不肯挽留，那也更沒什麼好說的，早分早好。

女人不是挑剔，有時候她要的男人不光只是外在，還有他的行為舉止。

更重要的是，還有靈魂。

誰都希望對方聽自己的話，女人最喜歡的就是改變對方，每個女人都以為自己是馴獸師，所以若是難得碰到一個男人，願意遵守這場複雜的遊戲規則，試著被女人改變，女人當然會告訴自己一開始就要懂得好好把握。

而且女人都會覺得：我可以馴服這個男人，只不過是他前女友做不到，但我一定可以！畢竟要贏過前一個女人的機會真是太難得了。

男人跟女人，又一次勉強和好、再一次故態復萌，又喝醉、又賭博、又亂發脾氣、又每天晚上跟豬朋狗友搞到早上。

女人忍不住說：「我們還是分手吧！」妳對男人實在十分失望，認為他實在無藥可救。

男人再次哀求：「為什麼？求妳不要走，這次我真的什麼都可以改！」他還在垂死掙扎，又想故技重施，以為這次跟以前一樣管用。

女人大徹大悟地說：「對不起！我想清楚了，有問題的是我，不是你。」這次妳終於鐵了心，不想再讓自己惡性循環。

就算妳相信他會改，但是妳不相信自己還能再忍受，所以算了吧。

通常一個男人跟妳說了三次：「我會改。」卻還改不了的事情，那就真的是改不了的。

男人老實說

當男人說：「我一定會改。」

其實就是希望妳暫時不要再逼他改了。

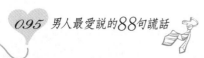

謊言21

我絕不會跟別人說。

字面上的解釋，就是他一定會跟別人講，而且越是哥們他越說，很多男人的口風其實比女人還不緊。

女人的祕密只能跟女人分享，男人就絕對不會跟女人分享他跟哥們之間的糗事跟荒唐事蹟，真的不懂為何還是有女人不相信這個道理，

妳跟他接了吻、上了床，發生一大堆不想讓別人知道的事情，他信誓旦旦發誓說不會講出去，但是，妳第二天走進辦公室，發現每個男同事都偷偷看著妳跟他。

發生關係的第二天，整個辦公室的男人都會知道一點風聲。

因為男人會跟好哥們分享他的私事，而好哥們還有其他好的哥們，於是一傳十、十傳百，就差沒PO在網路上，所以若是不小心遇上了一個口風不緊的男人，妳跟他之間的隱私，幾乎一半的朋友圈都知道了。

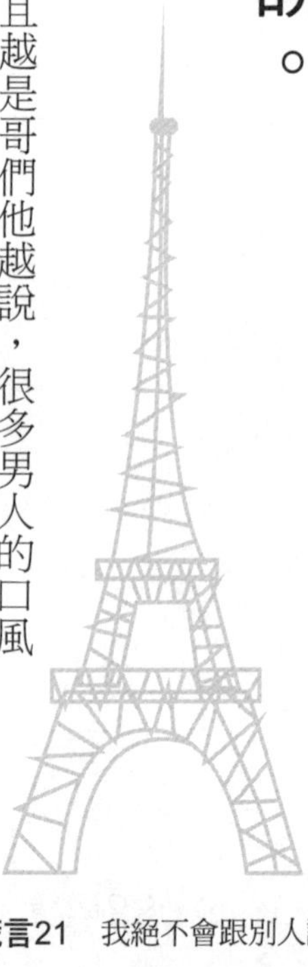

「我絕不會跟別人說。」這句話其實是縮寫。

言下之意是：我絕對不會跟我信得過的好朋友以外的人說這件事。

於是妳惱羞成怒、氣急敗壞、尷尬萬分，妳希望一切沒發生過。

萬一他是妳的同事，以後妳在他的哥們圈中，永遠是個茶餘飯後的話題。

萬一他是妳的上司，以後同事們都會跟妳保持距離，看來找下一份工作的時間不遠了。

萬一他是妳朋友的男朋友，遲早妳以為是兩個人的祕密，會變成公開的糗事。

萬一他是妳的閨中密友也對他有好感的人，以後看來連朋友都沒得做了。

所以，女人討厭哪個同事，絕對不能跟男人說，因為他下次看到對方時，神情一定會表現出來。

不能說的祕密，就絕對不要跟男人講。

萬一他在床上要求說：「我們來拍幾張照片、影片紀念一下我倆之間的感情，這將永遠是我跟妳的祕密，我絕不會說出去的。」妳還會相信嗎？

應該還沒忘記冠希兄的艷照門事件吧！

這在大陸甚至已經被編成一句順口溜：「做人要像陳冠希，開房要帶攝影機。」而且人跟心都會變的，萬一以後成了別人電腦裡可以要脅妳的把柄怎麼辦。應引以為鑑，謹慎再謹慎，不想讓別人知道的事情，千萬別輕舉妄動嘗試。

還記得有多少男人跟女人說：「我們已經在一起的事情，我絕不會跟別人說。」卻又一直有意無意地暗示，想要在朋友圈中炫耀，搞得妳很尷尬呢！

男人老實說

M：「妳跟我說嘛，我絕對不會跟別人說的。」

W：「少來，我沒什麼好說的。」

早就因為相信這句話而吃過虧的女人，才不會重蹈覆轍。

謊言22 我有不得已的苦衷。

男人愛說謊，女人愛說假話。

曾經翻過一本書上面有一句話說：「男人的謊話，十句有九句都是女人逼他說的；女人的假話，十句有九句都是男人喜歡聽的。」

男人為了讓女人安心，不得不說謊話。

女人則是為了顧及男人的自尊心，不得不說假話。

男人通常為了讓女人有安全感，因此會向女人說出各式各樣「花言巧語」式的謊話；而女人往往不讓男人有自卑感，即便男人表現得差強人意，她也會不假思索地說出：「他真的很棒！」的假話。

試想，哪一次男人忍不住問妳：「我跟妳的前男友誰比較棒的時候？」妳是怎麼回答的。

每次男人有事情瞞著妳，就算被妳揭穿了，他也會嘴硬說：

「我有不得已的苦衷。」

「當初沒告訴妳，都是為了不要傷害到妳。」

「我真的很愛妳。」

「為什麼不早說？」當女人脫口說出這句話時，氣勢就輸了一半，男人只要聽到這句話，就知道已有轉圜的餘地。

因為女人只要聽到男人說所做的一切都是為了她，心就軟了一半。

「我有不得已的苦衷。」

這句話跟「人在江湖，身不由己」有什麼兩樣。

他跟妳交往，把妳當成和黑社會的兄弟一樣相處？

他是有苦衷，為了面子，在朋友面前都要打腫臉、充胖子。在妳看不慣的時候，換個角度想：每次都搶著請客的男人，總比當服務生推門進來買單時，假裝接電話上廁所的人好多了，但是跟其他女人的應酬、曖昧算得上什麼苦衷。

他說他以前沒告訴妳，其實他跟妳也認識的朋友有過關係，那是不想讓妳難過、不想讓妳不舒服，妳也只能希望他們以後別再有一腿就好，而那個妳自以為是手帕交的閨中密友，當然也從此從手機通訊錄中被刪除，或進了黑名單。

他若是賭博輸了、生意失敗、外面欠一屁股債，財務公司跟存證信函都找到妳這來了，妳還在問他：「為什麼不早說？」

趕緊替自己的未來做打算吧。

他說再多也沒用。

男人老實說

M：「我有不得已的苦衷。」

W：「那你千萬別告訴我。」

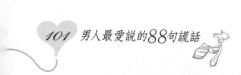

謊言23 我們真的不需要靠物質的東西，來證明我們的愛。

藉口！他只是不想花錢買禮物給妳。

難得出門逛街，一路上碎念：「這個太貴」、「那個不實用」、「這個家裡有了」、「那個改天再買」。

連買個東西都要看標籤摸半天，殊不知他到底是要買衣服，還是要收集標籤。何況女人買東西大多時候跟心情有關，干實不實用屁事，於是在常去光顧的店員面前丟了面子，自己又生了一堆悶氣。

奉勸女人，別跟小氣的男人在一起。

妳問我：「若是已經在一起了怎麼辦？」

唉！

先別說男人如果小氣，不只吝嗇地買不下手，還有他為妳買過多少東西，都會記了一本帳。

別懷疑，有些男人就是會斤斤計較送過多少東西給對方，像個會計一樣，計算為了對方付出過多少。

身旁的女人多少聽過有人分手，結果她的前男友回頭，還跟女人要回所有送過她的禮物，還有要分手費的悲慘例子。

會跟這樣的男人在一起的女人，其實自己也該檢討一下。

當時是飢不擇食嗎？還是怎麼了？對方外在條件優異，自然另當別論，最怕的就是沒有內在，還缺乏外在才令人氣餒。

妳說：「他的外貌真的很出眾。」

既然如此，妳得到妳當初想要的，就必須忍受妳不想要的一些部分。

很多女人當初真的蠢到是因為男人開的車子很屌就跟他在一起。

也有很多女人就是不信邪，當大家都說一個男人不好、狼心狗肺，她偏偏認定只有自己慧眼獨具，只有自己是唯一的例外，對方一定會對她不一樣，然後落得人財兩失，甚至更不堪的下場。

自己好好想想，大概只有笨蛋才會選擇不應該的答案。

女人應該善待自己，千萬別做錯抉擇，浪費時間在不值得的男人身上。

男人老實說

W：「欸，你為什麼都不送鑽石戒指、項鍊還是手錶禮物給我？」

M：「我們其實真的不需要靠物質的東西來證明我們的愛。」

W：「捨不得買就說一聲，小氣巴拉地扯那麼多幹嘛，我看我還是跟王董在一起好了。」

謊言 24

再給我五分鐘。

多少次，妳叫他去倒垃圾、洗碗、幫忙搬一個什麼東西，他都是回答：「五分鐘、再五分鐘就好……。」

結果三十分鐘後，他還是坐在沙發上專注地看著球賽。

妳又好氣，又好笑個半死，他只會回過頭，咧嘴對妳傻笑後，回妳一句：「我也有幫忙做家事啊。」可能是他昨晚回家的時候，有記得把臭襪子丟進洗衣籃。

他的五分鐘，也就是代表過一會兒我就會去做，妳急什麼？

去倒垃圾。

「五分鐘，我看完這段節目，廣告了就去。」

幫我把水龍頭關好。

「五分鐘，我等等就去。」

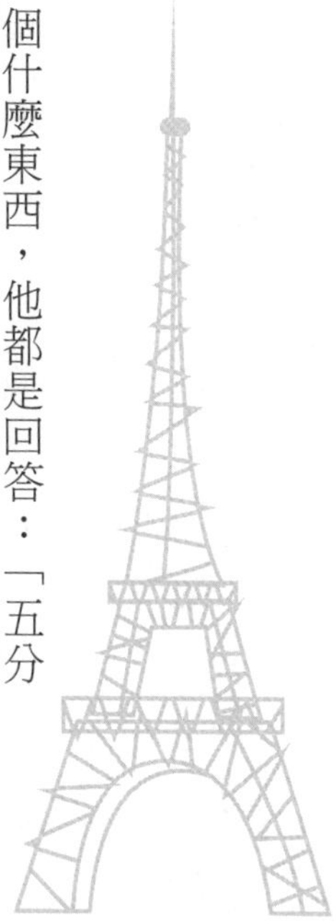

該起床了。

「五分鐘，再讓我睡五分鐘。」

他又遲到。

「五分鐘，我轉個彎，再五分鐘就到了。」

不管妳說什麼，他都隨口回答：「五分鐘……。」

可是他的豬朋狗友一打電話找他出去，別說五分鐘，他根本是馬上就跳起來奪門而出。

他快變成五分鐘先生了，妳只希望有一天他不要床上辦事真的只有五分鐘。

下次他再回答妳：「五分鐘，我等等就去做。」

妳要嘛放棄、自己來，不然就疾言厲色地命令他：「現在馬上給我去！」

別再指望他真的會五分鐘就去做妳要他做的事情。

奉勸也有在看這本書的男人：沒有一個女人不喜歡使喚男人。

但是更多女人欣賞自動自發的男人，別等對方說了才去做。

是男人，動作就別慢吞吞的。

在做的同時，更別在嘴裡埋怨、嘟囔，不然不如別做。

「我好渴……，我好累……。」一聽到女人這樣說，男人應該要馬上丟開報紙，屁股離開沙發，別再看電視了，現在有哪個節目沒有重播。最好是一個箭步就跑去打開冰箱，將飲料遞給對方，或是幫對方按摩。

相信我，即使是你原本認為微不足道的小動作，也會讓你在女人心目中帶來意想不到的地位。

男人老實說

男人：「五分鐘，再讓我多看妳五分鐘就好。」

如果是約會後，他和妳依依不捨說再見這樣多好，女人多希望對方有一次是這樣說。

謊言

25 我會、我來，我可以搞定。

「我會搞定的、這個我會修、這個我來……。」他一定滿頭大汗還是搞不好。

不管任何事，男人總是喜歡先說：「我來。」再講。

水管爆了、馬桶不通、燈泡壞了、電腦當機。

「我來！」

管他會不會弄，稍微有點自信的男人一定一馬當先，抓了工具就上，絕對不會百無聊賴地回應：「不會找水電行啊！」、「自己想辦法。」、「哦。」

女人即使明知道男人在逞強，也樂此不疲，沒有一個女人不喜歡看男人為自己賣力演出的。

女人當然知道可以自己打電話找水電行。

這只是她找機會撒嬌，要男人表示關心跟付出行動的藉口。

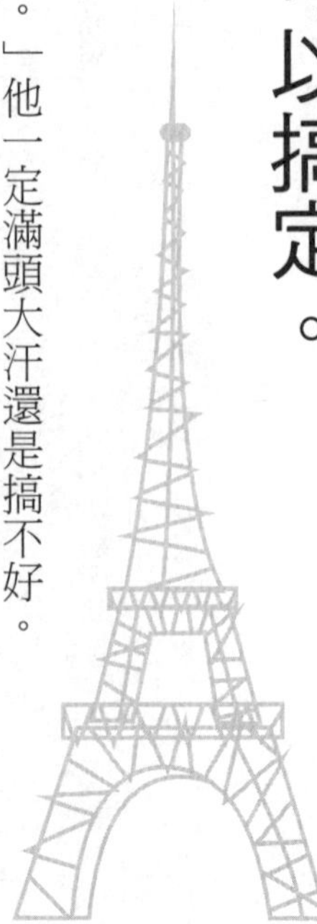

而男人即使只是換燈泡這種小事，也要搶著說：「我來。」有的時候，男人愛逞強未嘗不是一種生活情趣。

若妳的男人連這種事都懶得做，那真的該好好檢討兩人之間的相處模式了。

「你會修嗎？你可以嗎？你行嗎？」

當女人這樣試探性地問，沒有男人會說：「我不行。」

就算他明明裝燈泡時，觸電了，他也不會吭出聲來。就算妳發覺有什麼不對，也別在這個時候問：「你還好嗎？要不要我來？」即使妳已經很小心翼翼試探地問。

這樣問妳就等於是小看對方，男人有時候很奇怪，會因此惱羞成怒而反駁說：「妳是在小看我嗎？」

即使妳可能比他還會修，動作搞不好比他還快，也千萬別急著插手。

要男人承認自己不會，甚至比女人還差，妳等於要他老命。

雖然我真的也認識很多優秀的女性用BOSCH的電鑽組比男人還熟練，組合IKEA的家具易如反掌，別說換燈泡，連換輪胎都不是什麼難事，開車開得比男人好的不是沒有、使用電腦的能力更是不在話下，有的還會自己寫程式增強電腦性能。

但是，要男人自己承認沒用是不太可能的事。
他一定要搞到精疲力盡才甘心放手。
但是，下一次有狀況，他還是會說他可以。
男人多半愛逞強，沒有不愛逞強的男人。

男人老實說

W：「你確定你可以？」
M：「當然，沒問題。」他舉起二頭肌。
W：「哇！好MAN哦，那我樓下的幾箱行李就麻煩你通通幫我搬上樓哦！」

謊言 26

我下次不會了，再給我一次機會。

他為了要求得妳的原諒，什麼話都說得出口，這又算什麼。

「為了妳，我什麼都可以。」就差沒有跪下。

女人看著眼前的男人，心中嘆了一口氣，說真的，她已經忘了男人上一次說這句話是什麼時候，上禮拜、還是上個月。

每一次他都說不會再犯同樣的錯誤，心中只有她一個人，絕對會好好珍惜她的。

他承諾不再喝酒誤事、不再賭博、不再跟豬朋狗友應酬到凌晨才醉醺醺地回家，不再跟外面的女人牽扯不清。

他一次次地犯錯，她一次次地接受他的道歉懺悔。

男人收入頗豐，外型也相貌堂堂，每次和好的代價，就是女人在一票閨中密友的面前，又多了價值不斐且值得炫耀的禮物。

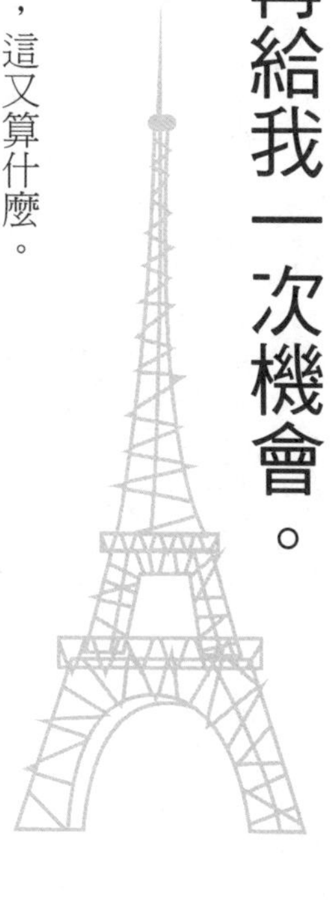

但這一次他居然被她抓姦在床，而且還是她自己的好朋友，情何以堪。

一開始她氣得半死。

某天，當她結束公司旅遊提早一天回到家，卻一開門就發現玄關前多了一雙精緻的高跟鞋，心中就知道不妙，推開房門果然是不堪入目的畫面。

她累了。

連話都懶得說，雖然雙手氣得發抖，她還想要留點面子，畢竟彼此都是有身分、有地位的人，她沒有辦法拋棄最後一絲尊嚴，跟那個前立委或是某女藝人一樣，因為家暴或是外遇話題，頻頻登上新聞版面。

男人誠惶誠恐地解釋，這真的只是第一次，原本對方是來家裡找他敘舊，沒想到幾杯紅酒的催化，兩人就糊裡糊塗地上了床，等到清醒時木已成舟，他真的不是故意的。

她聽了只覺得好笑，他居然說得出：「我不是故意的。」

她轉頭看著一臉驚慌、披頭散髮正倉皇穿回名貴衣服，平常在她面前趾高氣昂的女性密友，卻因為上了自己的男人，而矮了自己一大截的尷尬模樣，不知道為什麼，居然覺得有那麼一點值得的感覺，她又嘆了一口氣。

「欸，我想我們應該離婚。」

「不行，我不能沒有妳，而且孩子怎麼辦？」

從好友變成了第三者的女人，聽了男人這句話，臉色更是刷得蒼白。

她其實已經不是第一次面對這件事情了，同樣的場景，類似的畫面早就在腦海中幻想、演練過好幾次，從過去幾年來，男人的蛛絲馬跡跟不良紀錄。

她早就替自己留下後路，當男人為了圓一個小謊，而不得不說出更多謊言的時候，她早就慢慢地做了準備，房子是她的名字，存款是聯名帳戶，上一次吵架後，他連剛買的車子都過了戶給她。

雙方都是成年人，也在商場上打滾過幾年，腦海中很清楚離婚後的財產分配，孩子的監護權也比較容易判給沒有過錯的女方。

這幾乎等於是一個計算公式，萬一真的要離婚，她可以拿走男人一大半的身家。

信義路上偌大的豪宅裡，三個人在空曠又華麗的豪宅中，思考著彼此的未來。

「我下次不會了，再給我一次機會。」看來男人短時間是不會再去鬼混了。

看來這一次他犯的錯，可以讓他的銀行帳戶少個零，轉到自己的帳戶裡。而且，她又不是當年剛出社會的小女孩了，知道什麼事情比較實際。

而且，眼前這個女人從此在她面前，將永遠抬不起頭來。

女人嘴角微微冷笑一下，這簡直是雙贏的條件，她心想，這多少彌補一下自己愧疚的心理。她告訴老公要參加公司旅遊，其實是跟一個男公關去日本玩，卻因故吵架弄得不愉快，沒想到提早回來而有意外收穫。

夫妻之間有時候變成了爾虞我詐的詐欺遊戲，究竟是誰騙了誰根本不知道。

「再給我一次機會。」女人很清楚，這等於他說還會再犯錯一樣。

男人老實說

如果選擇原諒他，就要有接受他再犯一次錯的心理準備。

謊言 27

休息一下好不好？

最近有個機車廣告：影片中的男主角騎車到中途，居然說忘了加油，女主角天真地往四周一看，卻發覺正好是停在HOTEL前面。

此時，男主角轉過頭對她說：「休息一下好不好？」

男人要將女孩子哄上床的話千奇百怪，無所不用其極，但是這大概可以列為最蠢的之一。

但即使男人常用些更蠢的花招，卻還是有很多情竇初開的女孩會上當，例如：

「太晚了，回家很危險，我送妳回去。」

「如果過程中妳不要了，我隨時停下來，保證不會傷害勉強妳的。」

「我一定會娶妳，答應我好不好？給我。」

「交往都這麼久了，我忍得很難受，真的……妳不答應，我真的憋得好痛苦。」

「我保證不進去。」

「不要怕，從今以後妳就是我的，我會負責的。」

「真愛我，就應該給我，妳難道希望我找別人嗎？」

「我累了，今晚借睡妳家好嗎？」

「不痛，一點都不會痛。相信我，我會很溫柔的，好嗎？」

「我保證，這是我倆的祕密，我絕不會跟別人說。」

結果呢？

妳讓他送妳回去，他又藉故要上去喝杯茶、或是上廁所，結果只是令妳更危險。

也許妳半推半就，然後他又接著哄妳說：「親吻就好，再抱一下。」

然後上述的話至少來回說五、六句以上，他嘴巴上說：「不會」就是「一定會」。

不要說妳心裡沒數，當妳願意讓他送回家時，男人的腦海中就在盤算接下來的步驟——見招拆招。

妳可能會有的應答，他早已經在腦中複習一遍。

除非妳不是一個人住，不然他一定會跟妳在樓下糾纏半天。

男人老實說

M：「我送妳回家好嗎？」

其實等於是在問妳：「我可以跟妳回家嗎？」

謊言 28 不會，我一點都不會受不了。

妳有公主病！

妳是眾人眼中驕縱、蠻橫、不講理、任性、愛哭、揮霍、愛購物、加上囉嗦、又自以為是、討厭男人的所有好朋友、不喜歡他跟朋友的聚會、會不時查看對方的手機、過濾他Facebook的好友欄、不會烹飪、不會做家事、動不動就喊累、怕曬太陽、怕走路、怕曬黑、只會幫自己跟寵物打扮、眼中只有自己、只顧自己情緒的女人。

連妳自己有時候都覺得自己可能有病。

但是妳問男人，不管他是妳的男友還是丈夫：

「你會不會有一點點討厭我，受不了我的行為？」

他卻毫不遲疑地告訴妳：「我？不會啊，我絕對不會受不了，因為妳是我的親親小寶貝。」

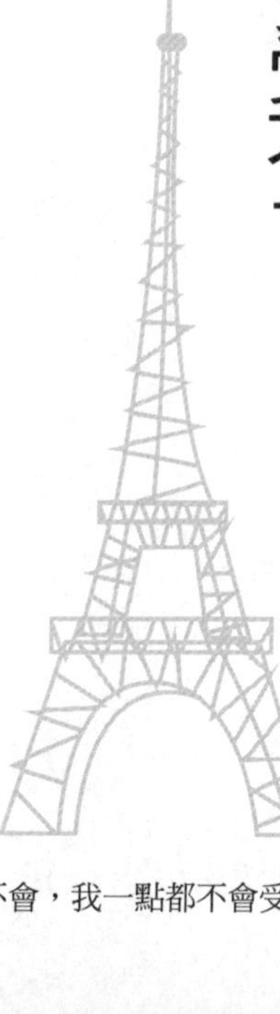

於是妳安心地依然故我。

當然，他也可能是真的義無反顧、盲目地愛著妳，但是對方這麼回答，通常有幾種可能：

他瘋了，他不正常。

他別有居心，也許妳有天仙般的美貌，再加上出身豪門的獨生女，或是有龐大的遺產。

他不只妳一個女人。

沒有男人會喜歡上述含有嚴重公主病的女人，如果甘之如飴，恐怕不會是男人。

但他居然告訴妳，他絲毫不會受不了，他當然是在騙妳、哄妳、有事情瞞著妳。

要嘛他比一般男人遲鈍，加上有被虐狂，或心理狀況一樣不正常，有男佣病，不然就是覬覦妳的家產，或是他是娶了妳以後，才靠你們家的家產發跡的，否則他如此順從的外表下，外面一定另外有個更溫柔貼心、美貌年輕的女人在撫慰他自尊受損的心，他說他不會受不了的可信度，簡直等於零，還選擇相信的女人也是在自欺欺人。

但男人也有貼心的時候，從另一種角度分析，他說：「我不會。」其實是一種體貼，即使是說謊都值得嘉許。

當女人一如以往可愛地依賴在男人的肩上，看著電視或閱讀書籍，半個鐘頭過去，妳像想到什麼似地突然抬起頭，天真地望著被妳全身重量壓著不敢動彈的男人，問一句：「你手會不會痠？」

有哪一個男人，面對著巧笑倩兮的女人，會無趣地回答：「會，我手臂都麻了，好痠哦。」然後一把將妳推開的？

說會的男人絲毫不體貼，居然明知道妳在撒嬌，還推開妳。

就算他明明手臂都已經發麻的僵硬，還是會對妳說：「不會，妳安心的靠著。」當下明知他根本是睜眼說瞎話，但騙妳也開心。

男人當然會微笑著忍住早已經發麻的感覺，溫柔的搖搖頭說：「怎麼會痠。」

甚至男人還會緊緊地摟住妳一下，讓妳感覺得到他的在乎，安心地在男人懷裡沉沉睡去。

當女人問男人：「你累不累？」、「你煩不煩？」、「你痛不痛？」、「你冷不冷？」

他的答案當然都是不，就算再累、再煩、再痛、再冷，都要笑著說無所謂。

男人一定要堅強，不該將煩惱說出來、帶回家，不可以讓女人覺得沒有肩膀。

若男人每天愁眉苦臉地擔心，成天將公司業績不好，每天跑銀行三點半掛在嘴上，整天對妳埋怨：「負擔好重、壓力好大、快受不了了、有心事、缺錢、好煩、我想死……。」

小心。他可能是要開口跟妳調錢週轉了。

聰明的女人對這種事應該有自己的一套處理方法。

男人老實說

男人若對於一般正常男人都無法忍受的事情在拼命忍耐，甚至表現得甘之如飴，當然是有問題，別有居心，居心叵測。

謊言29 我有話要跟妳說……。

當男人突然正經八百地說：「我有話要跟妳說……。」

如果兩個人還沒在一起，他要嘛跟妳告白，要嘛跟妳攤牌，你們只不過是朋友。

若是兩個人已經在一起了，這句話通常是一種警訊，他有難言之隱。

如果他不是患了絕症，就是要跟妳談判、說清楚、承認外面有女人、分手、或是他可能想花筆預算以外的錢，買套昂貴的新音響，或是換輛車，要不然就是在外面闖禍了，最糟的是，他跟妳坦白其實他有同志傾向。

他說這句話時，大部分都不是只單純地想跟妳說話而已。

當男人突然說：「我有話要跟妳說……。」這是任何人都不願意聽到的開場白。

千萬別搭腔。

除非妳有心理準備面對他要說的一切，不然就趕快轉移話題，或乾脆相應不理，

反正不講理本來就是女人的專利，男人比較沒有這個資格跟好處。

他若堅持要跟妳說清楚，女人也可以耍賴說：「我好累，那個來了不想講話。」所以，一旦遇到不講道理的男人，妳乾脆連理都別理他，男人通常都比較要面子跟矜持，沒有不要尊嚴跟面子的男人，除非他不是男人。

如果這次開不了口，男人也會顧慮彼此的情誼，也許下一次再說，也很可能短時間都不會再提，兩個人也就可以繼續纏綿下去，搞不好還會越變越快樂。

當然，若是妳還是不知道彼此的問題出在哪裡，也許明天他就跟妳提分手也很有可能。所以不管如何，如果妳還在乎他、還捨不得對方，還是別隨便搭腔，以免世界末日降臨在你的頭上。

男人老實說

當男人說：「我有話跟妳說。」

相信我，那話八成是妳不想聽的。

謊言30 妳穿什麼都好看。

「好看嗎？」當女人這麼問的話。

「好極了。」

有哪個男人會沒事找事說：「不好看，醜死了！」

女人也不要每換穿一套衣服就問對方：「好看嗎？」還要強迫對方回答這種老問題。

更別又反問：「那跟剛剛那一套比起來呢？」別將生活搞得好像機智問答。

男人也很清楚通常女人在精品店的更衣室前一直換衣服是在表示什麼，聰明的就會掏出信用卡買單，好男人一定要掏皮夾比掏老二快。

若是在家裡準備出門赴宴，女人都已經在臉上塗塗抹抹快一個小時了，男人幾乎以為她是在自己的臉上畫畫、做藝術創作，然後還要一邊數著時間，等她換衣服。

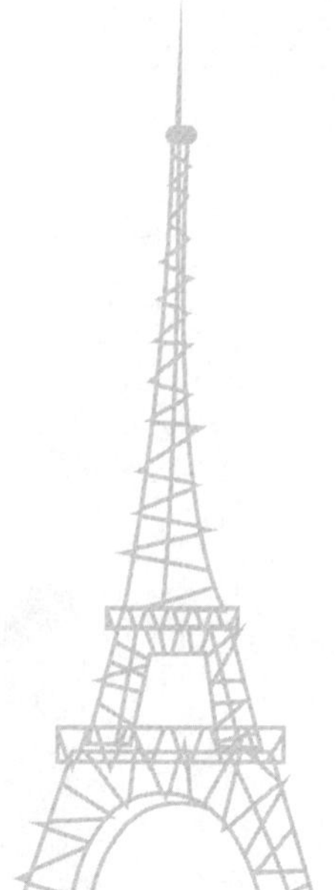

難道這個時候會有男人說：「妳穿這件好醜」、「衣服顏色跟鞋子不搭」、「鵝黃色看起來好噁心」、「再去換一件」。

這樣一來什麼時候才能出門？

「妳穿什麼都好看。」即使妳穿得慘不忍睹，男人一定也這樣說。

很多女人打開衣櫃，明明已經一整排衣服，她還是會嬌嗔道：「都沒有衣服穿。」就算男人聽了心中一陣傻眼，他還是會說：「不會啊，妳穿什麼都好看。」同時心底犯嘀咕，每件衣服不是當初妳都喜歡才買的嗎，現在又說不適合？

「妳穿什麼都好看。」字句下的涵意其實是：「妳到底好了沒？」

女人也不要怪男人為什麼結了婚以後，越來越少出去約會。每次出門妳都要搞很大陣仗，洗頭、化妝、挑完衣服、挑鞋子、選包包，還要搭手錶跟項鍊、耳環，有的還要橋奶橋半天。

本來要吃晚飯，都差點變宵夜，每次赴會都因為妳挑衣服而遲到，男人幹嘛沒事找事，給自己找罪受。

於是，你們越來越常各自行動，不然就是在家裡大眼瞪小眼。

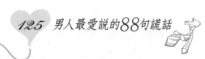

這年頭，男人喜歡瀟灑自然不做作的女孩子。

相信我，很多時候，私底下偶而淡淡的妝、將頭髮簡單綁個馬尾、套條牛仔褲、穿著輕鬆T恤的模樣，在男人心目中也很性感。

「妳穿什麼都好看。」

這個時候如果再聽到男人說這句話，絕對可信度大幅提高。

女人其實應該要明白：男人喜歡的是女人，不是女人的衣服。

男人老實說

W：「我穿這套好看嗎？」

M：「妳穿什麼都好看。」男人微露不耐煩這樣說。

W：「哼，我就知道你騙人，不行，我再換一套看看。」

M：「寶貝，我的媽啊，妳穿什麼都好看，真的我沒騙妳，我這次真的沒騙妳。」

謊言 31

她好像對我有意思。

當男人這樣說，表示他可能也對那個女人有感覺。

他還說：「我想我必須約她出來，談清楚免得有所誤會。」

若妳居然還同意了，等於同意他可以光明正大、堂而皇之地去跟對方約會。

最好的方法，就是別理會。

試想，換作是妳這樣說，應該不會有哪一個男人會贊成妳單刀赴會，特地約那個男的出來密談吧！

搞不好還是他會去找對方談談。

有人對他有好感，當事者自己當然多少有點感覺。

若是沒放在心上，自然不會有感覺。

而他不但放在心上，還掛在嘴上，並且不是跟妳炫耀他也有人示好的那種沾沾自

喜，反而好像有點煩惱，問妳該怎麼辦一樣地試探妳：他是否需要跟對方談一下？

這表示他根本一開始就想這麼做。

更糟糕的是搞不好他們已經談過了，甚至可能不只一次。

那就不只是她對他有興趣了，而是他也已經對她有興趣了，這個時候妳再亡羊補牢也為時已晚。

「欸，她好像對我有點意思。」男人吃飯吃到一半突然說。

「你少臭美了，人家的男朋友是廣告模特兒欸！」妳不假思索地，白他一眼，就算妳知道那個女人明明沒有男朋友也這樣說。

「是哦，原來她已經有男朋友。」

男人眼神愣了一下，還在掙扎，仍然有點不死心地問：「她怎麼都沒說？」

「她男朋友不想曝光啊，幹嘛？為什麼你會覺得她對妳有意思？」

「沒有啦，她聽說我喜歡騎腳踏車，說下次有空可以一起去踏青而已。」男人意興闌珊地回應，然後還幫妳夾了一口菜。

「哼，她可能只是找話題閒聊而已，她男朋友開賓士欸！」妳表面上若無其事，心底卻一陣惱怒，心想等下我就將你的腳踏車輪胎都戳破。

但妳看著原本心猿意馬的男人被打擊得有點百無聊賴，低頭猛扒著自己碗中的白飯，又覺得有點好笑。

「不如我也去買輛腳踏車，陪你去兜風好不好啊？」妳手杵著下巴說。

男人停下筷子，抬起頭望著妳。

「呃……」

他腦海中想著上一次跟妳一起去騎車踏青的畫面。

沿途上，妳不停喊累、說腿痠、喊渴、嫌太陽太大會曬黑、流汗的衣服黏在背上好不舒服……最後根本是叫了計程車將腳踏車連人載回家。

男人想了想，搔搔頭說：「我們找時間去看看電影就好了。」

妳點點頭，淺淺地笑了一笑，滿意地為自己又盛了一碗湯。

男人老實說

M：「她好像對我有點意思。」

W：「那又怎樣，你對她沒意思就好了。」

M：「我的意思是，大家都是同事，我應該跟她找時間說清楚。」

W：「好啊，那我陪你去。」

M：「呃……」

M：「哦，沒有啦，也許是我想太多了，開玩笑的，開玩笑。」

謊言 32 我發誓！

男人其實是習慣性的說謊。

沒事不需要發誓。

發誓就是有事。

就算妳的女性朋友跟妳說，昨天在路上看到妳男朋友跟一個陌生女孩牽手過馬路，當妳質問他的時候，他還是會信誓旦旦地發誓說，他只是好心扶一個盲胞過馬路。

「我發誓！絕對沒有那回事，妳不相信我，就是懷疑我們的感情。」

男人為了脫身，博取妳的信任，什麼話都說得出口，謊言的內容千奇百怪、光怪陸離，而且還會順便將妳拖下水。

「妳怎麼可以懷疑我們這段感情？」他幾乎聲淚俱下、不可置信，一副受到傷害貌。

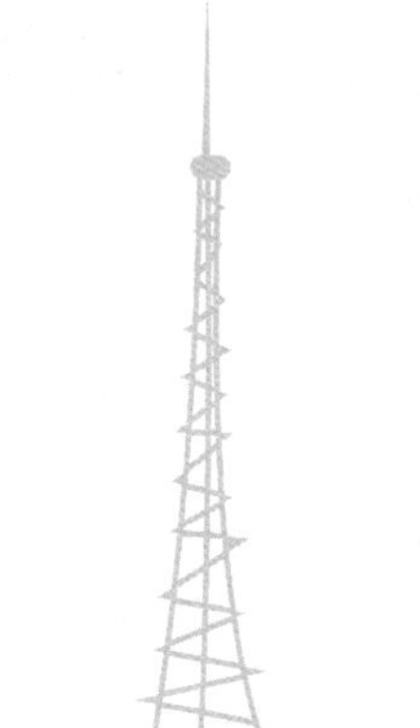

「如果我有背叛妳，我出門就被車撞！」一邊心想頂多過馬路小心點。

「如果我外面有別的女人，我不得好死。」那是多久以後的事。

當男人發毒誓，稍微溫柔的女人就已經會連忙阻止他，摀住男人的嘴，心疼不讓他說下去了。

就算女人繼續追問：「那為什麼別人也有看到你跟別的女人去餐廳吃飯？」

他也會義正嚴詞地說：「那是因為我要幫助紅十字會的小朋友，當時是在跟公益團體的代表談活動。」

就算被目擊自己的車子進出情趣旅館又有什麼關係？

前總統的兒子都可以說是將車子借給好朋友開，才會引發這種誤會，絕對與他無關，他好冤枉。

口袋有保險套，也可以說是路上辣妹發的傳單贈品，不想浪費，所以順便拿回來用，妳不相信，他就一定會發誓說是真的。

襯衫上有口紅印是因為捷運太擁擠了。

手機有類似酒店小姐的問候簡訊，他也會說是詐騙集團，千萬不要回撥，不然一分鐘五十塊，會被騙昂貴的電話費。

妳一旦懷疑他，他馬上神情肅穆地看著妳說：「我會騙妳嗎？」

妳若點點頭，他馬上像是被軍靴狠狠朝肚子踹了幾腳般，露出受傷的神情看著妳。

「我發誓。」

「我保證沒有騙過妳。」

接下來男人還會說：「我發誓我之前發的誓都是真的。」

其實發誓對男人來說跟放屁差不多，放過就忘了。

男人通常是一時之間說不下去了，就會翻出殺手鐧說：「不然我發誓。」

男人老實說

當男人又要因為說不下去時，就會說：「那不然我發誓。」

此話一出，就是他真的已經沒有什麼好理由了。

謊言 33 是我錯了！

這一次，妳終於說到他低頭認錯。

妳當下心滿意足，覺得終於讓男人在妳面前低聲下氣，於是妳跟閨中密友和自己說：「他這麼驕傲的人都低頭認錯了，我想就原諒他這一次吧？」

卻不知男人很清楚：女人總以為男人一旦認了錯，她就贏了，卻不知道這不過是又一次受騙的開始。

男人從不會輕易認錯，當他承認了自己有錯，那一定是心虛的表現。

當他發現講不過妳，乾脆使出絕招：認錯。

「是我的疏忽，不該沒顧慮妳的心情、立場，但請妳相信我，我跟對方真的沒什麼，她失戀了，我只是基於朋友的立場安慰她，至於我肩膀上的口紅印，那是因為她難過得哭了，我只好提供肩膀借她靠一下。我錯了，我不該多管閒事的，還不小

心弄髒妳送我的襯衫，對不起。」他一口氣說完，連氣都沒換。

「是我的錯，我不該惱羞成怒、亂發脾氣。」

「是我的錯，我該好好疼惜妳，妳對我是這麼的重要。」

「是我的錯，我不該失約，公司臨時要加班，我手機正好又沒電，當著老總的面，不好意思打私人電話。」

「抱歉，是我錯，我不該又遲到，路上有車禍大塞車，一輛載滿小朋友的幼稚園車翻覆，我還下車幫忙救援、叫救護車，我不是故意遲到的，不該讓妳等了兩個小時，讓妳擔心了。」

「天啊！是我錯，我居然忘了我們的周年紀念日，那是因為我認為跟妳在一起的每一天都是紀念日。」

「是我錯、是我的疏忽，別生氣，原諒我。」

他氣急敗壞，於是妳破涕為笑。

安慰的是，他還很在乎妳，依然竭盡所能地哄著妳、安撫妳的情緒。

有時候，男人急著認錯不一定是挽回妳，也有可能是另一種情況：

不，不是妳的錯，是我讓我們犯下了這個美麗的錯誤。

雖然我們都快樂過。

但是，我們彼此都有另一半，長痛不如短痛，擇日不如撞日，我們還是結束吧，

這樣下去對大家都不好，我們沒有未來。

（他說這麼多，這時候的拼命認錯只是想盡快甩掉妳。）

認錯對男人來說只是一種手段、一個過程，不是結果論。

男人老實說

當一個男人輕易認錯，他心裡不一定會覺得自己真的有錯。

搞不好他怪自己的錯是怎麼這次會如此疏忽而露出馬腳，因為被妳發現，只好不得以認錯。

謊言 34

我真的不在乎妳是不是處女。

怎麼可能？

女人都希望自己是男人的最後一個女人，男人都希望自己是女人的第一個男人。

妳可能會說：「這年頭哪裡還有處女情結？」相信我，真的還是有很多人會在乎。千萬不要低估了「處女」這個名詞對男人的魅力。

長期以來，男人的意識深層還是有著少數殘留的沙文主義，不是媒體隨便喊幾聲：「男女兩性平等！性解放！」就能抹煞、推翻的。

何況性解放到頭來，得了便宜又賣乖的還是男人，受傷流淚的依舊是女人。

如果男人真的可以完全不在乎，他就不會掛在嘴上、一再強調。

「我真的不在乎妳是不是處女。」他這樣說，就表示其實心底有一點失望。

嘴巴上說不在乎，心裡在犯嘀咕。

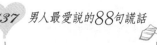

失望是難免的，他甚至可能不是在對妳說，而是幾近自言自語地在告訴自己：「沒關係，真的沒關係，以後沒有別人就好。」

沒有男人不會在乎曾跟自己的女人發生過關係的其他男人，所以前文曾提過千萬不要跟男人分享妳的過去，絕對對妳沒好處。

若他一直旁敲側擊想要挖掘妳的過去，一來，這個男人太過小氣，美其名是在乎，二來，妳可不要相信真的如他所說，他只是想要更了解妳、心疼妳，不希望以前過去其他男人對妳不好的事情重演。

若妳真的將過去全盤托出，只是造成男人日後的無限芥蒂而已。

所以，很多女孩子都會乾脆跟男人說：「因為我讀書的時候，很喜歡騎腳踏車，所以……。」

男人老實說

男人若不在乎就不會說出口！

謊言35

喂，妳說什麼？這裡收不到訊號……（斷線）

「喂……妳說什麼？……這裡收不到訊號……。」（斷線）

電話這頭的妳也很清楚，一定是他自己按掉的。

甚至我都親眼看過，有男人同時拿起香菸盒的透明包裝紙，在話筒旁揉捏，發出悉嗦聲響，假造收訊不良的雜音。

關於手機的謊言不勝枚舉，乾脆彙整在同一篇中簡述說明。

有時候妳跟他聊天到一半，他的手機響了或是有簡訊。

妳跟他對望一眼，他才心不甘、情不願地拿起電話，可以明顯看出因為對方的來電顯示，他有點猶豫。

妳一直瞅著他，直到他說：「喂……」的一聲。

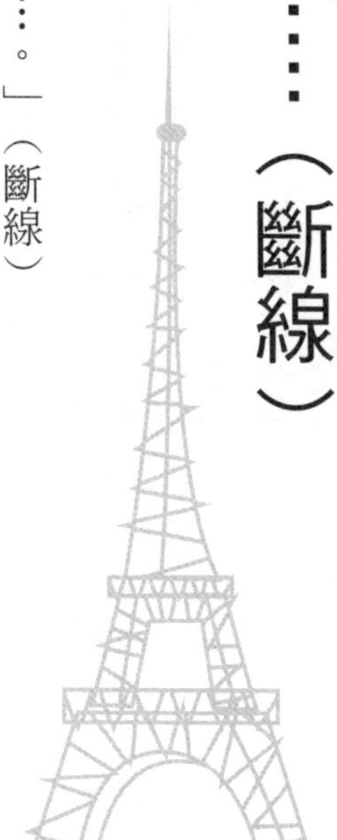

他接電話的時候，又更明顯因為妳在旁邊而吱唔其詞，或是乾脆走到一旁匆匆講完才回座。

不然就是簡訊響了，看一下就匆匆刪掉。

面對妳的疑問眼神，通常只會若無其事地淡淡說：「廣告簡訊啦。」然後一邊看電視，一邊用眼角偷偷觀察妳的神色。

「誰打來的？」就算妳不肯善罷甘休。

「朋友而已。」他當然還是這樣的標準答案。

有時妳也想告訴自己：幹嘛要問？九成九不會有真的答案。

另一方面當然知道有鬼。

但妳問了也不會有其他的回答，何況妳真的能接受除了「朋友」以外的答案嗎？

每次妳問是誰打來的，他都顧左右而言他，說是朋友。

換作是妳，有時候也何嘗不是這樣，妳也難免有私人的電話，妳也不會老實跟他說，有時候打電話給妳的其實是某個一直對妳無法忘懷，或是對妳有好感的男人吧！

多說多錯，妳也不喜歡節外生枝、造成誤會，於是偶爾妳也會試著體諒他，寧願相信他是善意的謊言。

就算明明看到曖昧的簡訊，什麼「好想你，怎麼都不來找我」之類看了差點被激怒的話語，妳也會選擇相信：他說是詐騙集團傳來要騙昂貴通訊費的簡訊說詞。

就算用3G手機有什麼用，電影都演過了，就算他下半身赤裸地被別人含在嘴裡，上半身還是可以西裝筆挺地跟妳用視訊講電話，還說等等他就回家了，記得幫他熱湯。

男人說謊一向是臉不紅氣不喘的，跟女人印象中的認知不一樣，他的下半身絕不會影響上半身的思考，因為男人的腦幹是為了掩飾下半身而存在的。

如果妳趁他洗澡時，偷看他手機的通訊錄，想找到一絲蛛絲馬跡，結果……哪有什麼用？

老道的男人早就將異性朋友輸入成男性化的名字，搞不好「張鐵雄」其實是「王娜娜」或「珍妮」，妳也根本分不出來，他敢將手機離身，就不怕妳查詢，早就做好萬全措施。

搞不好有時候來電顯示是「黑名單」，或清楚寫著「拒絕往來戶」，他也明白給妳看，嘴巴上還嘟嚷：「真是討厭，這女的一直纏著我，我根本不想接她電話，所以特別註明是黑名單，妳看這麼晚了還打，真是……。」

於是妳安心了，結果對方根本是他在外面新泡上的小蜜。

當然，若妳發現男人手機裡面的訊息匣居然早就清空沒有東西，某種程度也代表他不想將麻煩帶回家。

妳也是成年人，當然很清楚訊息匣是空的，就代表有一些不該給妳看的訊息曾經存在過，不然有什麼好刪除的。

就算妳堅持幼稚地在手機殼上貼上兩人親密的大頭貼，現在男人連車子都不只一輛了，就算妳將自己的全身照做成保護貼也不管用。

有時候，妳不知道他在跟誰講電話，一直擠眉弄眼要他告訴妳。

於是，趁著男人在跟別人講電話時，妳就一直在他身旁大聲呼吸，邊看電視邊咳嗽，或是發出「嘖、啊、唉呦……」假裝是被劇情打動的聲響，或是跺腳走來走去，還是故意搬東西，弄得聲音咔啦作響。

妳就是一定要讓和男人講電話的人知道：他旁邊有女人在。

做這種事女人自己也不喜歡，但是偏偏就很喜歡對男人這樣做。

何苦來哉。

何況，現在除了手機、還有網路、MSN、facebook、噗浪、Twitter、防不勝防。

還有很多時候是最糟的情況：

男人自己按手機發出鈴聲。

假裝有人打給他，顯示自己很忙、很有行情、裝作是某知名或權威人士打給他談事情，這時候他會故意講話很大聲，讓鄰座的人好像可以聽到他的高談闊論，假裝跟對方有很好的交情，對方一定要找他不可。

說真的，寧可他跟妳在一起以後，騙妳別的都好，也不要碰到一隻披著羊皮的狼。在妳面前開好車、戴名錶，搞得看起來好像很有派頭跟行情，結果等他成為妳的芳心所屬之後，才發現對方根本是個愛情騙子，不但已婚，還負債累累、欠一屁股債，害得妳人財兩失。

女人真的要謹慎觀察男人講電話的樣子。

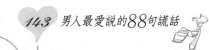

男人老實說

W：「手機沒事只開靜音幹嘛？」

M：「沒有，要睡覺了，怕被吵醒。」男人翻個身說。

W：「你是擔心有電話打來，被我發現是嗎？」妳冷冷地說，甚至明顯感到同一張床上身旁男人的背脊突然縮瑟了一下。

M：「好好好，那我開震動可以吧。」

W：「才不要，萬一我被電話吵醒怎麼辦。」

M：「那妳到底要怎樣啦！」

W：「關機。」

M：「啊？哦……」妳甚至在黑暗中清楚地聽到男人發出一聲嘆息。

但是妳告訴自己沒錯，男人不但是要管束、而且是要不斷提醒，再加以訓練的。

謊言36

這是善意的謊言。

心理學家說：「百分之八十的罪犯都認為自己是被逼的。」

男人也是，他們認為自己會說謊，多半是為了不想要被女人無謂的誤會，然後發生不必要的不愉快跟爭吵。

但是，說謊說久了就變成習慣，於是原本只是一個微不足道的小謊，會跟漩渦一樣慢慢擴大，為了圓當初那句話，必須扯出更多的謊。

於是男人開始對女人說：「我騙妳是為了妳好，我不想傷害妳，這一切都是善意的謊言。」

在維基百科裡，「善意的謊言」其中一段的解釋是：「世人為了想要人際關係圓滑，或避免冒犯人、引起不必要的誤會，而說出一些他們自己認為不重要的謊言。當善意的謊言被揭穿之時，通常會期望能產生較不激烈的爭吵。」

但是善意謊言的「善意程度」是人們自我定義的，沒有一定的標準。

也就是說，有可能甲認為是不重要的謊言，乙卻認為是很嚴重的謊言，因此在揭發之時，仍有可能會發生爭吵。

男人去參加同學會，碰到學生時代心儀的女同學，就算他們兩個人事後去了另一家小酒館敘舊，多喝了幾杯，也根本沒發生什麼事，但是回來面對妳，多半他還是不會說出實話，而會簡單用一句：「跟一群老同學聚會多聊了一會兒而已。」帶過。

他的出發點是善意的，怕妳誤會，不想節外生枝，希望簡單帶過，而且今晚出門前就跟妳說過，他是去參加大學同學會。

於是，妳不疑有他，但是半年後妳們在街上巧遇他的老同學，對方不小心說溜嘴，打趣地問男人那天跟班花先離開，是跑去哪裡了？後面的KTV聚會都沒出席。

別懷疑，世上就是有這麼多會被女人感謝的白目人。

於是，妳返家後鐵青著臉，興師問罪他為何要瞞著妳？

男人試圖不慌不忙地解釋他的出發點是善意的，而且對方是有事私下要求幫忙，在一般同學面前不好開口。原來畢業後對方並不順利，她遲疑的開口，原來是要跟男人借貸週轉一小筆金額，如果女人聽到這邊，開始注意力被轉移，反問：「那怎麼辦，結果勒？」

這時候就要注意男人：他是否因為妳好像相信了這個說法，而明顯地鬆了一口氣，顏面神經沒有那麼緊張，說話也比較有條理多了？

因為他會認為女人可能開始有點相信他正在瞎掰出來的劇情。

善意的謊言也會開始變質。

無意之間被別人突然揭穿真相，他一開始的出發點可能是善意的、刻意的謊言，最後只好蓄意隱瞞，一直說謊下去。

接著，他可能會說出更離譜的情節，甚至有一點小小的得意忘形。

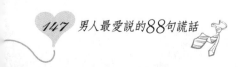

他還嘆了一口氣：「唉，老朋友當然能幫就幫。」

餐會後跟她先離開，是去ATM領錢給對方，這種事他為了顧慮對方顏面，才沒讓其他老同學知道。領了錢以後，他也沒心情去唱歌，於是他請她去餐廳小坐，也是為了鼓勵她不要氣餒，人難免有過渡時期，憑對方的條件一定可以找到好工作、會順利的……云云。

即使當妳半信半疑，秀出男人的手機問：「為什麼通聯紀錄顯示自從同學會後，你跟對方的通話就斷斷續續保持著？」

男人也會面不改色、正經地說，那是因為她居然再開口借錢，就算交情再好、前債未清的情形下，他當然是義正嚴詞地拒絕，而且他還在妳面前將那個女人數落一遍：沒想到人一畢業就整個都變了。而且若是有問題，他怎麼會不將手機通話紀錄刪除呢？

還有另一種情況：他跟那個女人真的沒有什麼，而他保留手機中通話紀錄跟內容很平常的簡訊，基本上只是出於一種緬懷昔日回憶的無意識舉動。

「所以他錢沒還你囉？到底跟你借多少？」妳逼問著。

「沒……沒多少啦，數字不大，算了，就當幫助朋友吧，別提了，她以後方便再說。」男人一邊摸著脖子說話，樣子開始有點燥熱。

「不行，哪有這樣的，借錢就是要還，你不好意思開口，我來問她！」女人做勢就要用男人的電話撥給對方，男人看了神色驚慌，連忙一把將手機搶過來。

「唉喲，不需要這樣啦，這不是顯得我們小氣，得罪朋友何必呢，不要啦。」於是一發不可收拾，再想相信對方的妳也忍無可忍。

於是本來只是老同學聚會後的閒聊，因為男人怕女人又亂吃飛醋，所以掰了一個小謊，沒想到卻越扯越荒誕，最後當然還是惹了女朋友生氣。

事情如果一炸開，又得罪那個好久沒見面的女同學，連朋友都差點做不成，然後，男人又去找那個將事情說溜嘴的男同學數落一遍，連帶兩個人也鬧得不愉快。

結果一句「原本善意」的謊話，變成越描越黑的荒謬劇情，更得罪三個朋友，但是直到今日，他還是會跟妳說，他的出發點真的是一個善意的謊言。

妳聽了，也只是照慣例地哼了一聲，於是男人誠惶誠恐地說下次不會了。

但是男人會知錯能改，記取教訓嗎？

當然不會。

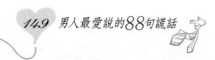

下一次他有事瞞著妳，不慎被妳抓包，他還是會理直氣壯的說：「我的出發點都是為了不要影響我跟妳的感情，這只是善意的小小謊言。」

而妳也不是要怪他騙妳，真的不開心的是：男人居然會認為一開始就跟妳說實情，自己會生氣，難道我有這樣小氣嗎？

如果你的男人常說這句話，其實妳需要在夜深人靜時捫心自問，是否自己太過於敏感、容易計較生氣，所以男人才會習慣性地撒謊、瞞著自己。

因為一開始我就說過，百分之八十的男人都認為自己說謊是被逼的。

「我保證不生氣。」

結果當男人說實話後，妳還是大發雷霆，男人當然只好選擇說謊。

男人老實說

我們當然要給自己找藉口。

也不是男人一開始就願意要說謊的，只是有很多時候說點謊，真的反而會讓事情簡單點。

謊言 37

沒關係，我們仍然是朋友。

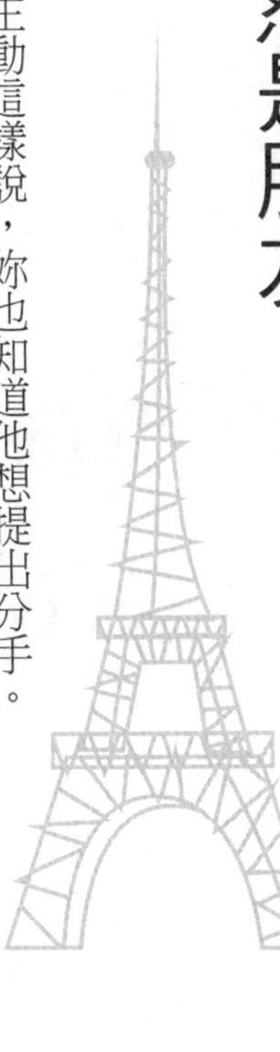

「我們沒有未來，再這樣下去……」當男人主動這樣說，妳也知道他想提出分手。他若再補一句：「沒關係，我們仍然是朋友。」通常表示他有別人了，但是有機會，他還是想再跟妳聚聚、發生關係。

男人通常都會替自己留後路，比較堅決的通常是女人，女人一旦決定了，變心後反而很少會回頭；男人往往相反，他激情過後，又會想到對方以前還有好的時刻，於是一向講話會預留伏筆。

「有空還是可以出來喝喝咖啡、聊聊天。」

「廁所燈泡壞了，我還是可以幫妳修。」

「放在妳家的衣服跟書，改天我再來搬。」

其實說穿了，他上述講的話都只是想要爬上妳的床而已。

除非妳也願意，不然還是乾淨俐落點少連絡，一旦妳意志不堅，讓他前腳再進家門，一時眷戀意亂情迷，又再重溫舊夢，事後只是讓自己的地位更低，立場更尷尬。事已至此，連正式吃另一個女人醋的立場和資格都被否定。

「沒關係，我們仍然是朋友。」

這句話，遲早有一天在維基百科會被下註解：「寶貝，雖然我們分了手，但是我們以前好歹快樂過，何必因為分手就變仇人，有空還是可以重溫舊夢，發生一下關係，再續前緣，快樂溫存一下，妳說對不對？反正大家都是成年人啊。」

「我們還是朋友。」也就是說，他可能還想跟妳發生關係，但是不想對妳繼續負責任而已，千萬不要天真以為這是男人有風度的表現。

男人老實說

男人跟妳說：「我們還是朋友。」

並不一定真的還要當朋友，有很多時候是希望妳願意只要當個炮友。

謊言 38

我會永遠對妳好的。

他在哄妳，不然就是他自己也不知道，其實自己做不到。

物競天擇。男人不該說承諾，女人不該相信承諾。

他說的時候，就算是真心的，也只代表這個男人太過天真，以為自己做得到承諾。

現在的社會上，已經只剩下不夠聰明的男人，才自認為做得到所有說出口的承諾，也只有笨女人才會相信男人所說的承諾。

更糟糕的男人是：明知做不到，還說出許多好聽的承諾。

更笨的是，信口開河的男人自己都不知道自己根本做不到。

最慘的是，相信他，還支持他，認為他會做得到的傻女人。

認真想想看，很多將承諾掛在嘴邊的男人，又有幾個真的做到他當初輕易許下的承諾？有些男人脫口而出一大堆承諾，不過只是想在當下快點達到一些目的手段。

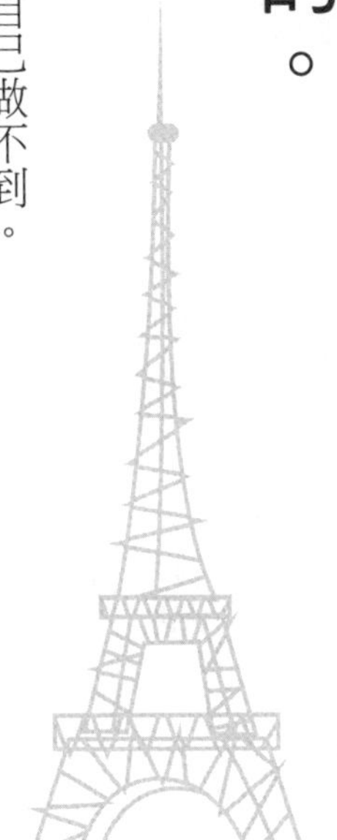

「我會對妳好。」、「我會永遠愛妳。」、「除了妳我不會再喜歡上別人。」、「妳是我的唯一。」

一個女人一輩子至少聽過不只一個男人說過以上類似的話，然而，事後當男人背叛了、犯錯了，都通通變成一句：「我有苦衷。」、「我不是故意的。」

「我會永遠對妳好的。」

其實女人也知道這句話先天上就有難度在，卻偏偏想要挑戰男人的極限。

「除卻巫山不是雲，曾經滄海難為水。」

這句話其實也可以翻譯成：「我若以後沒有碰到更好的，那應該就是妳了。」

當他對妳說：「我會永遠對妳好的。」

動不動就搬出「永遠」這個名詞的男人，不過是代表他缺乏時間概念。

男人老實說

會將永遠掛在嘴上的男人，其實完全沒有時間概念的。

謊言 39

這是被蚊子咬的。

「這蚊子咬的啦。」他摳摳脖子上紅腫的痕跡，假裝若無其事地對妳說。

除非妳是白癡，不然大熱天的，他突然穿了高領，或是圍著圍巾，而且還在脖子上貼了OK蹦，不然就是故意將紅腫的地方抓得更癢、更厲害，妳也猜得出他昨晚出了什麼事。

總不會天真地以為他真的只是過敏吧。

但是妳還自我安慰：他還會在乎妳，怕妳生氣，還是會找機會掩飾、找藉口瞞著妳，但妳就算想假裝不知道，再走下去也沒有台階可下。

除非妳也有吻痕瞞著對方，只是妳比較聰明，吻在不明顯的位置。

女人永遠不懂，有些男人都有股莫名不必要的占有欲，他希望若有似無地告訴別人：這是他的領土，有點類似公狗到處灑尿，一邊表示自己來過的示威。

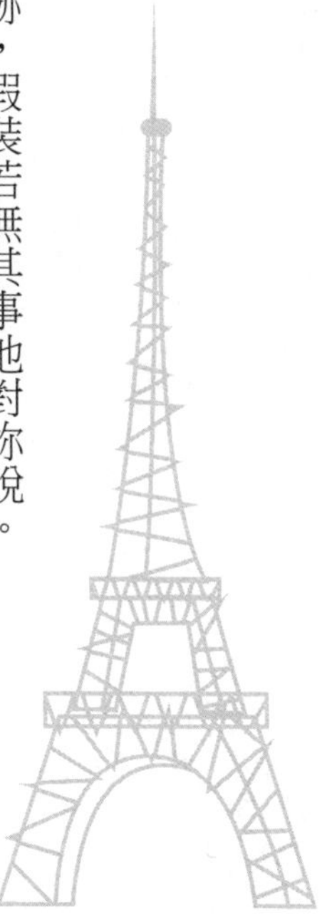

「我不是故意的，一時激情……。」當男人在妳脖子上留下淡淡的吻痕，妳照了鏡子，開始煩惱明天如何上班面對同事、上司，或是另一個人。留下痕跡的男人，有點靦腆地說他不是故意的，妳當然也知道他是有點故意的使壞。

所以，妳也知道當自己的男人脫下西裝外套，口袋裡的小紙條，旅館的打火機，沒去過的餐廳發票，吻痕跟領口的口紅印，不尋常的長頭髮絲，沒有顯示來電的號碼，曖昧的簡訊跟代號……，有這些東西跟跡象時，也是他在外面的火花，可能有意無意地想跟妳示威。

當妳直接問他的時候，男人都會有層出不窮的藉口跟理由：口袋的小紙條是別人對他的暗示，他又沒回應，他的心裡只有妳一個啊；打火機是跟同事借來點菸，順手放進口袋的；發票是他收集想捐給家扶中心的。

「那不是吻痕啦！是蚊子咬的，我抓傷的，不信妳看、妳看。」

（他馬上死命在脖子旁邊用力抓，直到抓出血絲為止。）

「妳看嘛……。」

口紅印他也會說成是因為應酬外國女客戶的寒暄留下的，或者是坐捷運太擠了不小心被沾到的。

若是妳還一直不相信，仍然要打破砂鍋問到底，通常男人多半會惱羞成怒：「怎麼說妳都不信，我明明就是沒有，妳還要懷疑我，我在外面累了一天了，妳還要這樣疲勞轟炸？夠了沒！」

他也許開始沉默。

（因為要看妳的反應，腦海中好計算下一步該如何走。）

他更可能甩門就走。

（暫時離開現場，不然他也不知道該怎麼辦才好。）

一旦對方惱羞成怒，也相對証明妳所懷疑的一切都可能是真的。

那真的不是蚊子咬傷，也不是過敏。

紙條是他跟新來女同事的曖昧互動。

旅館的打火機是他一時不小心順手在床頭拿回來的。

餐廳的發票是他跟別人的約會收據。

還有……許多還沒被發現的蛛絲馬跡。

「外面的女人根本比不上妳，我心底只有妳一個。」
如果妳又原諒了他，這一句就是老生常談。

男人老實說

男人一旦惱羞成怒，就是表示心虛的一種生理反應。

謊言 40

我沒有迷路。

「我沒有迷路，我找得到。」

但是已經多開了半小時，還沒到目的地。

男人千萬不能說女人有皺紋，女人也千萬別說男人的方向感或駕駛技術不好。

至少大部分的男人不能接受自己開車比女人遜的事實。

有些男人真的是路癡，但是他嘴巴上還是會逞強，嘴硬不承認自己找不到路。

明明已經在原地兜了半天，這個巷子剛剛才經過，他還在跟妳說：「我找的到，沒問題。」

打死他都不肯搖下車窗問人，就表示他已經迷路了。

如果他惱羞成怒，臉上已經蹦起青筋，就是不肯聽GPS導航的，而且妳還在跟他說東說西，好像前面該左轉，他就差沒有跟妳吼：「我在開車，還是妳在開車？」

真的，這種男人不是沒有，還挺多的，沒氣度、愛面子、逞強。

男人在女人面前都會死要面子。

妳耐不住性子，頻頻看手錶，更是刺激他的腎上腺素，其實男人多半愛逞強，總是會打腫臉、充胖子地對身旁的女人說：「沒問題，我可以。」

但卻每每證明問題更多，若是他突然停在路邊說：「我要下去買東西。」千萬不要一股腦跟著跳下車說：「那我也要一起去。」

因為很可能他根本是要下去問店員路怎麼走，妳跟他跑下去幹嘛？

結果他根本買了不是平常喜歡抽的菸跟飲料，上車後，他還板著一張臉，但是妳卻一整個莫名其妙。

「終於到了。」好不容易到了目的地，妳還說上這一句，不啻是火上加油，也只會造成接下來的過程更不愉快。

但有一種女人也很奇怪，很喜歡看自己的男人被激怒的樣子，她喜歡男人手足無措，因為她而情緒激動，又不敢亂發脾氣，強自壓抑的樣子，有些女人偏偏覺得這樣的男人有點可愛。

因為在她心目中根本覺得，自栩為壞男人的男人，不過是被自己寵壞的大孩子一般，當她覺得可以掌握男人的情緒，她也覺得掌握了一切。

男人老實說

我當然知道我錯了。

我在半個小時前就發現衛星導航系統也沒太大用處，我只是希望身旁的女人閉嘴，不要在此時火上加油，或是已經於事無補，還潑我冷水。給我點思考時間，不要一直逼我承認我做不好，就不會讓我惱羞成怒，繼而吵得不可開交！

謊言 41

我會算命。

有些男人要將女人騙上手，簡直是無所不用其極。

但是有些人的手法很不堪，女性一定要注意，好好保護自己。

不知道為什麼？很多女人漂亮得不像話，卻偏偏十分相信算命，於是很多居心叵測的男人就看中這一點下手。

他會在第一次見面時就試著端詳妳的面孔，甚至在妳不反對情況下，翻過妳的手掌，在上面游移著，邊跟妳說：「我會算命、會排紫微斗數、會測字跟改運。」

讓妳相信他瞎掰又若有似無的預測。

其實誰沒不順過，誰沒犯過小人？誰沒有事業瓶頸跟精神不濟、被鬼壓過？

這樣的男人很會察顏觀色。

妳不信，他頂多馬上改別的話題。

我也碰過自稱算命師的某圈內人，碰到一個鐵齒的名媛，兩人聊兩三句話不投機後，只好瞎聊當季包包的款式。

若是女人一露出：「是哦。」、「真的嗎？」、「那怎麼辦？」的疑問句，那大勢就去了一半。

他接下來搞不好就會說要幫妳看看家裡的風水，然後還說要幫妳改運，若是騙點錢還算好。

最怕有些女人一旦碰到命理之說就失了方寸，頻頻求問，甚至傾訴心聲跟委屈，接下來他搞不好幫妳順便搬完家裡門口的花瓶，然後就說他要用什麼純陽之氣幫妳打通任督二脈了。

等到他解開妳的鈕扣已為時已晚。

很多女人因為這樣，吃了虧又不好意思吭聲。

事後後悔的要死。

所以下次聚會時，碰到一個自稱會算命、改運的男人，除非妳也願意拿這作為發展一段感情的藉口跟理由，不然還是有多遠、閃多遠為妙。

而且妳放心，妳不理他，他的天線雷達自然會幫他在場中尋找下一個目標。

至於他鎖定的目標，妳自己要不要去解救，就看對方是妳的閨中密友，還是妳一向討厭的人，就看妳自己了。

男人老實說

我還會變魔術勒！就差妳沒說妳家燈泡壞了，我還會修理水電跟馬桶，我所會的兩招無非就是希望引起妳的注意罷了。

對男人來說，迷信算命星座中什麼上升、下降術語的女人，真的比較容易接近些……。

喜歡翻星座書的男人未必是娘砲，搞不好他更過分。

謊言 42

我真的不是故意的。

事前的纏綿，他跟妳保證不進去。

但妳跟他半推半就下，突然還是乾柴點了烈火，一發不可收拾，事後他可能摟著妳，輕聲地說：「我真的是情不自禁，不是故意的。」

女人像頭小綿羊一樣鑽到對方懷裡，嬌羞地什麼也說不出口。

不過這句話妳卻發現男人經常會掛在嘴上，根本已經分不清楚是他的口頭禪，還是習慣性謊言。

大到出軌被妳抓到：「我真的不是故意的。」

小到忘了買醬油回家：「我忘了，我真的不是故意的。」

「電費繳了沒？」、「垃圾幫忙倒了沒有？」、「紀念日的禮物呢？」、「那個誰的電話打了嗎？」、「你不是答應我不再喝酒？」、「為什麼上廁所馬桶座又忘了掀？」、「牙膏為什麼每次都不從後面擠？」、「襪子可以不要亂丟好嗎……？」

男人通常都會傻笑說：「我又不是故意的，下次我一定記得。」

偏偏他下次又忘了，你又好氣又好笑。

眼前這個妳在意的男人，有時候就像個大男孩，不管他在外面面對客戶，在做業務和人談判時多麼威風，運籌帷幄，做事明斷果決，回到家跟妳在一起時，卻表現得像個生活白癡。

也許妳也知道，他說他不是故意的，只是懶而已。

其實只要男人沒有對不起女人，這一切的一切，很多女人還是甘之如飴，而男人也是心裡有數的。

他習慣性地依賴女人替他收尾，這對某些人來說是一種相處的小甜蜜。

當然也有少數女人是比男人還邋遢的，衣服亂丟、碗盤不洗、回到家高跟鞋一脫，就癱在沙發上喝一罐冰涼的啤酒，於是，男人也有風度地默默收拾，用關心的眼神看著對方。

「你怎麼會愛上這樣的女孩？」朋友看不過去問。

「我也不是故意的，但愛上就愛上啦！」
對於感情這種事，哪有一定說得準的。

男人老實說

「我真的不是故意的。」

他一旦如此說，就表示多少有想過這樣的情況會發生，頂多是他自己也沒想到會來得這樣快。

謊言 43

她眼睛進了沙子，我幫她吹吹而已。

這種上個世紀的謊言，真的還是有人會相信。

就算妳遠遠地看到他跟那個在他口中只是辦公室普通的女同事有說有笑，兩個頭親暱地靠在一起，已經像是人體蜈蚣一樣緊密時，他還是會跟妳義正詞嚴地說：

「我們是在商量公事。」

就像很多抓姦新聞講的，明明正宮夫人已經帶著徵信社跟管區衝進浴室，當場撞見自己的丈夫跟對方赤身裸體，女上男下地坐在馬桶上，男人還可以硬拗自己只是在上廁所，女人是因為有人突然開門被嚇到，不小心踩到肥皂，才跌坐在他身上而已，一切都是誤會。

「妳誤會了、想太多，疑心病別那麼重，我還是愛妳的，我怎麼會騙妳。」

某天，妳突襲檢查，沒有通過祕書預約通報，直闖他的辦公室。

妳看到他摟著那位年輕秘書，因為看到妳而馬上彈開，開始胡吹亂蓋：「什麼！妳看到我跟她好像在接吻！拜託……怎麼可能，妳看錯了啦，那是因為剛剛風大，有沙子吹進她的眼睛裡，我好心幫她吹吹而已，唉……真是好人難做，早知道會被妳誤會，惹妳不開心，我才不理她呢，讓她自生自滅好了。」

「幹什麼突然來找我也不說一聲？」言下之意他還埋怨妳突然跑來鬧。

「辦公室裡哪來的風沙？」妳看著他氣急敗壞地解釋，冷冷地又補上一句。

「呃……剛剛有抽菸嘛，妳知道現在室內不能抽菸，所以我將窗戶打開，正好吹進一陣狂風，妳看桌上的文件都被吹亂了。」明明是剛剛他將她壓在辦公桌上弄亂的。

男人要找藉口是不需要任何理由的。

男人老實說

男人睜眼說瞎話說：「我沒有。」跟女人說：「我不餓。」其實都是一樣的正常反應。

謊言44

她一個人在台北需要照顧。

「她一個人在台北需要照顧。」

他某天跟妳說，她是他遠房親戚的妹妹來台北找工作，需要幫忙照顧。

於是，他幫忙找房子、找工作、甚至幫忙買生活日用品，有一、兩次妳甚至還幫忙燉了湯，讓男人拿去給她喝。

後來，妳發現怎麼男人接她的電話跟傳簡訊的次數比回妳的多，待在對方那裡的時間，比待在家裡的時間還多。

有一、兩次妳打電話給他，背景居然還有那個女孩的笑聲。

這個時候，若妳還沒覺得有什麼不對勁，還沒察覺自己是豬頭，就只能說妳活該了。

男人無事對外人獻殷勤，當然有問題。

如果他說：「當年那個遠房親戚很照顧我，所以……。」

那下次妳該從對方到火車站，就開始跟著去幫忙。

如果這個已經心猿意馬即將出軌的男人真的那麼值得妳在乎的話，那妳就繼續努力，好好抓緊他的褲腰帶吧！

其實很多顯而易見、漏洞百出的謊言為什麼還可以過關？

泰半還是來自於女人對男人的信任。

睜一隻眼、閉一隻眼，或是甚至根本不認為對方會騙自己。

於是自己騙自己。

他跟那個女的沒什麼。

他只是幫對方當妹妹。

那真的是他親戚的小孩。

我不該懷疑他說的話才對。

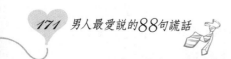

突然電話響了。

「喂，因為這邊廚房的水管破了，一時找不到水電工，我待在這裡幫她忙……妳不要等我了。」
他在話筒這頭都這樣跟妳說了，妳還不殺過去看個究竟！

男人老實說

他跟妳說沒有就是有。

他若跟妳說：「我有事要先去忙。」

就表示可能妳已經開始不是第一順位、不太重要了，還不趕緊抓緊韁繩，力挽狂瀾。

謊言 45

我老婆不瞭解我。

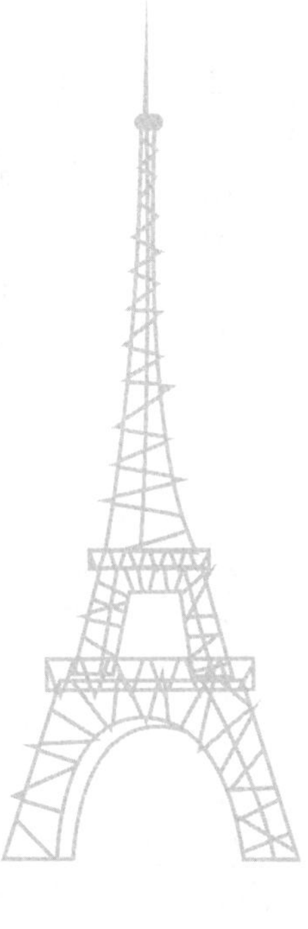

「我跟她已經相敬如冰，無話可說。」

「只有妳知道我在想什麼，她根本不瞭解我。」

「妳相信我，我一定會跟她分開，我會娶妳的。」

「要不是為了孩子，我早就跟她離婚了。」

妳聽膩了他跟妳長期以來說的謊。

妳也知道自己是個尷尬的第三者。

但是妳卻還存著一絲希望，即使知道不容易，妳還會安慰自己，至少他在說這些話的時候，應該是認真的。

直到有一天，妳坐車經過東區，恰巧看到對方一家三口甜蜜地攜手在路上逛街、購物，看到他享受天倫之樂的畫面，妳才無法藉由男人的謊話再欺騙自己。

他們好得很！沒跟妳在一起時，他還是另一個女人的好丈夫、好爸爸。他看著對方的眼神還是很溫柔、充滿愛意。

其實大多時候，女人只是自己在安慰自己，她並不笨，她只是一次又一次地說服自己，也許眼前的男人這次說的是認真的。

其實，女人只是將每次男人來找她的炙熱眼神看成是在乎，不明白那不過是被慾望沖昏了頭，眼中佈滿了精蟲充腦的紅眼絲，女人誤將對方的占有欲看成對方對她的渴望。

當男人與妳好幾天不見，腦中想的只是如何將妳撲倒而已，嘴上此時胡言亂語都只是為了方便妳不要阻止他解開妳衣服的手腳動作。

往往發洩過後，冷靜下來，男人豎了一個枕頭靠著，點了一根事後煙，他會緩緩地對妳說：「再等一陣子，我一定不會讓妳繼續這樣受委屈下去，只有懷中的妳了解我，我在乎的是妳，唉……要不是為了孩子。」

（其實搞不好是因為離婚要付出大筆贍養費，而且公司的資金可能是太太娘家出的，他根本動彈不得，因為在太座面前沒有地位，才會想在外面的女人身上找安慰。）

這一切，坐在妳對面每周固定聽妳訴苦，和一起喝下午茶的閨中密友也明白，但是她也知道妳想要的只是一雙耳朵，傾聽妳發牢騷，而不是用嘴巴給妳良心的建議。

誰給妳建議離開他，妳反而會疏遠這個滿口為妳好的朋友。

「他老婆不瞭解他……。」變成妳騙自己的話語。

妳的周遭好友也只有嘆氣的份，期待妳沒受太多傷之前趕快醒來。

漸漸地，妳的委屈只不過變成別人茶餘飯後的話題。

男人老實說

我當然是騙妳的。

我若不這樣哄妳，妳怎麼會心甘情願跟我在一起，不會一哭、二鬧、三上吊。

謊言 46

我沒心事。

當女人問男人：「你有心事嗎？怎麼都不說話。」

他一定跟妳說：「沒有。」

白癡才會說有。

說了就要交代，交代了就需要解釋，解釋不清楚還會被追問，然後八成會爭吵，還要全盤托出為什麼跟妳在一起還在想別的事情。

除非這個男人是笨蛋，不然他當下直覺反應一定是回答：「沒有。」

女人如果不甘心，可以觀察他拿遙控器、看電視的舉動。

大部分的男人都有一個習慣，就是會拿著遙控器一直按、一直換台，換台的頻率越快，越表示他的不耐煩跟有心事。

根據研究顯示：男人根本不想知道電視上正在看的頻道到底在演什麼，他只想知

道電視其他頻道現在還有什麼好看的？是否錯過了？男人永遠不知足。

所以，如果他跟妳看電視時顯得很煩躁，在沙發上不斷蠕動身體、換坐姿，按遙控器跟電玩按鈕一樣，八成他今天下午在街上碰到風采依舊的舊情人，或是一個很正的女人從他眼前走過。

妳要知道，會走在街上的女人大都精心打扮過，男人也不是不知道妳打扮起來也不賴，只是妳也不可能每天在家裝扮完美等他回家。

於是，他累了一天回家，打開門看到妳跟平常一樣穿著睡衣、頭髮蓬鬆、脂粉未施地窩在沙發上看電視，男人心中難免會跟白天看到的影像快速重疊比對一下，妳跟他都沒錯，但是他難免會煩躁。

相信我，妳如果知道他為什麼會煩躁的原因，妳也會煩躁。

通常女人也該了解，男人沒辦法專心看電視，多半是有心事，而且多半是微不足道、狗屁倒灶的瑣事，所以才會更煩躁，有的男人甚至會抖腿。

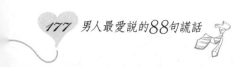

他若正在換氣、深呼吸，是在自我調適。

建議妳給男人一點空間，別追問，不然各種畫面很可能會在男人腦海中發酵：如果我還是單身、如果我追上去跟她搭訕要電話、如果我跟她有新的發展、如果我跟前女友能再續前緣……如果他邊沉思、邊用眼角不懷好意地瞄妳。

妳應該也不願意讓男人繼續想下去吧。有時候，明知道他言不由衷，也讓他自己去鑽一下牛角尖吧！

男人其實過一會就好了，不要太Push他，過一會兒，他就會跟以往一樣摟著妳一起看電視節目了。

男人老實說

一部電影的風格其實可能代表了一個導演的性格。

若這個男人習慣用迂迴的話語來轉移妳的注意力，只能說他或許真的太在乎妳，但是又真的有難言之隱。

謊言 47

我的心中從沒有過別人。

他若跟妳說：「我的心中從沒有過別人。」這話妳就聽聽就好，何必太認真。

男人的腦室跟女人構造不太一樣，跟《全面啟動》那部電影一樣，在最深層有處暗門叫做「回憶」，藏著一堆晦澀不可告人的秘密。

除非他不是男人，在妳之前他一定有過在別的女人家樓下，等對方回家的夜晚。

妳也可能有被別人等過。

誰沒有過去。

妳又不是跟一個嬰兒交往，有時和有點過去的男人交往，他反而更能理解女人。

原諒男人，他偶爾真的需要說謊，那就和潤滑劑一樣必需，才能調劑彼此的生活跟減緩摩擦，如果男人說的謊，只是為了討好妳、讓妳開心，何樂而不為。

雖然他說：「我馬上去做。」

（大概至少半小時球賽轉播結束後。）

「嗯，聽起來蠻有趣的……。」

（意思就是妳還沒說完嗎？）

「我沒有偷看妳的簡訊。」

（他翻過妳的手機了。）

「HONEY，妳打掃房間太辛苦了，要不要休息一下。」

（他八成嫌妳吸塵器聲音蓋過電視機。）

「妳穿什麼都好看。」

（暗示妳再不出門就要快遲到了。）

「那個女的沒禮貌，眼高於頂不搭理人」

（他跟對方搭訕過，但是碰了軟釘子。）

「好啦！」

（表示不耐煩。）

「我只將妳當妹妹欸……。」

（如果妳長相出眾，他可能對妳有意思；若妳長相普通，他可能要拒絕妳。）

「我跟對方只是哥們。」

（他跟那個人絕對有曖昧。）

「我累了，今天忙一天。」

（他跟妳已經沒有話題，懶得說話了。）

「我有話跟妳說。」

（他終於忍受不了某件事，要跟妳攤牌、好好溝通了。）

「我昨天手機沒電……。」

（他昨天跟別人在一起。）

「我跟她已經結束了，不會再有瓜葛。」

（他想打電話給她。）

「我不能沒有妳。」

（他可以。）

「我不會……。」

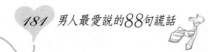

（他會。）

妳跟他說：「不開心就要說出來啊！」

（他一定又跟妳說沒有。）

男人絕對不會輕易說出實話。

有人說：「男人喜歡的女人比自己喝的紅酒小，喜歡的紅酒卻比自己的老婆老。」

男人對於一瓶紅酒有時都會愛不釋手，何況是女人，別說過去一定有，未來也會有，當然有跟會去付諸行動是兩回事。

男人老實說

男人一旦理直氣壯，往往是要為說謊開始鋪陳。

他先聲奪人，

若是第一步就成功，自然不用多說，

若是妳不為所動，他才會動之以情。

謊言48

我絕不會再騙妳。

妳也很清楚他做不到，還是很可能會再說謊。

晚歸他說是要加班；跟別人唱歌不接電話，說是沒電或收訊不好；不想解釋，就回答說累了；說只愛妳一個，是叫妳別再問了；身上有疑似的吻痕，當然一定堅持是蚊蟲咬傷。

男人當然會說謊，而且越說技巧越熟練，破綻越少。

所以別馬上就揭穿男人的謊話，這樣妳只不過會讓他增加日後說謊的技巧。

女人又何嘗不喜歡說假話，難道當男人在床上完事後，問妳：「爽不爽？」、「舒不舒服？」、「我跟妳以前的男友誰比較厲害？」「妳是我的對不對？」

難道妳會回答他：「不爽」、「不舒服」、「他比較厲害，也比較久、比較大。」、「不對，我不是你一個人的！」除非妳是刻意想刺激他。

當妳揭穿過他的謊言，他痛心疾首地說：「我絕不會再騙妳。」

建議妳，如果妳心中已經打算要原諒他，就別再折磨他。

何必回他一句：「是嗎？」

「我絕不會再騙妳、我絕對不會再傷害妳。」

其實延伸解釋就是：「我絕對不會再被妳抓到！」

男人老實說

男人當然會說謊，他也很清楚女人也是會說好聽的話，

誰也受不了直來直往的實話，

為了讓彼此好過，還是適度地說點好聽的話來潤滑一下。

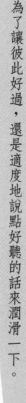

謊言 49

這是最後一次。

「我一輩子只愛妳，不管遇到什麼困難，我都會永遠陪在妳身邊，直到我們老去、死去。」肉麻當有趣。

這是台詞，不是謊話，連一點說謊的誠意都沒有，他根本只是在敷衍妳，用抄來的連續劇台詞以為可以呼攏妳。

女人其實不該只是計較男人是否在說謊，很多時候想想，他的動機其實更重要，他說謊的目的是什麼？

是不想傷害妳、不希望妳知道真相，怕妳難過，還是在設計妳跳入圈套，或是他真的很在乎妳，只是不小心犯了天下男人都會犯的錯，所以想辦法在彌補妳。

當他說：「我不想這樣的，真的，我不是故意的。」，或是「下次不會了。」

此時女人也別回一句：「還有下次？」

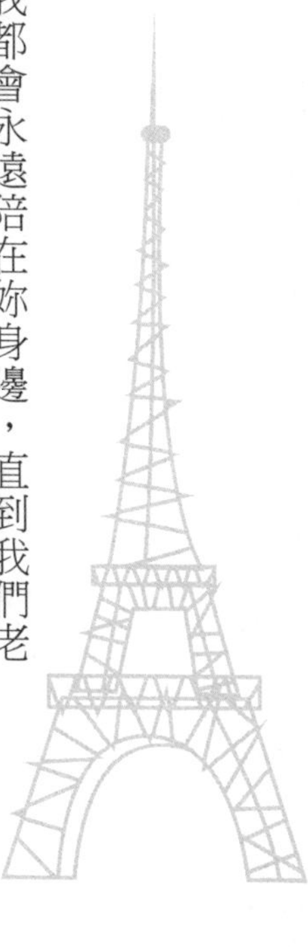

因為大部分的男人都會認為這是女人開始軟化的一種姿態反應。

說真的，男人如果這類的台詞用過兩次以上，大概就是屬於狗改不了吃屎的等級。

女人有時也很奇怪，常常問一些蠢問題，逼著男人不知該如何回答。像是：「若我跟你媽一起掉到海裡，你會先救誰？」

男人回答先救妳的話，妳嫌他不孝；若說先救媽媽，妳又怪他不夠愛妳，硬要逼著男人說：「那我一起救。」

妳又說他違心之論，這根本不可能，而且只能選一個。

最後男人說：「若妳死了，我也不要活了。」妳才甘心放過他。

男人在女人心目中是需要一直被教育的，即使做得再好，女人也不會滿意，總是會挑毛病。

男人確實是這樣的，就像某部電影裡的台詞：「說了又不聽，聽又不懂，懂又不做，做又做錯，錯又不認，認又不改，改又不服，不服又不說。」

男人容易犯錯，於是學會說謊，為了掩飾，卻必須編更多理由來圓這個謊，於是，謊言跟滾雪球一樣越滾越大，但就是不肯一開始就承認。

當他說這是最後一次，女人也很清楚絕對還會有下次。

男人說：「我不會再犯錯，這一定是最後一次。」

當時一定八成是真心的，可是他很難控制下次不會再犯錯，只是他一定要這樣說，不然妳怎麼會放過他。

男人老實說

當男人說：「這是最後一次。」

他都敢說了，妳就姑且聽聽嘛！

反正也不是第一次了。

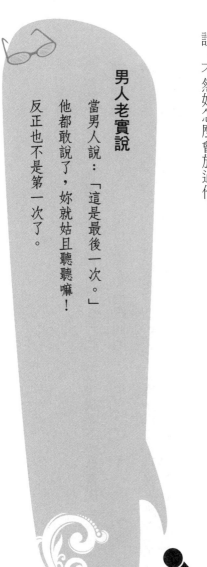

謊言 50 不要愛上我。

「不要愛上我。」

他跟妳這樣說其實是表示：我們可以在一起，但是我並不想負責任。

當然，若妳不在乎，大可以享受和他歡愉地在一起。

時間是妳的、未來是妳的、身體是妳的、若妳已經年滿二十一歲，誰也阻止不了妳，每個人都要為自己負責。

只是何必要拿自己的幸福開玩笑。

何況，他是說：「不要愛上我。」

又不是說：「不要跟我在一起。」或是「不要跟我發生關係。」

通常會這樣說的男人，大概都已經得到妳了。

這其實是一句很自以為是、很不負責任的話語。

若妳還是執迷不悟，誰也勸不了妳。

在多年以後，再回過頭來看，不會笑自己當年好傻的女人絕對是少數。

何況「不要愛上我」，跟「不要上我」是完全沒有關係的。

男人老實說

不要愛上我，絕對是以退為進。

他想擁有，但是不想付出。

他想要上妳，但是不想要妳給他壓力，

於是他說：「不要愛上我。」自以為瀟灑的話，以為妳會被打動。

謊言 51

我不知道。

我不知道怎麼會這樣、我不知道她為何說跟我在一起過、我喝醉了什麼都不知道。

我只愛妳一個，其他的我什麼都不知道，也不想知道。

其實當男人還願意這樣說，雖然有點無賴，但還是有很多女人覺得受用：「我不知道別人怎麼想、怎麼說，我的眼裡、心底只有一個妳。」

這句話如果是謊話，只要對方肯說，也就接受了吧！

男人老實說

男人說：「我不知道。」

其實就是他有些事不想要讓妳知道。

謊言 52

我怎麼會知道。

會這樣說的男人其實就代表他不會負責任。
一旦發生了事情就說：「我怎麼會知道？」來推卸責任。
比另外一些男人說：「我不知道。」還糟糕。

「我怎麼知道會這樣？」
「我怎麼知道會搞砸？」
「我怎麼知道會賠錢？」
「我怎麼知道來不及？」
「我怎麼知道那麼痛？」
「我怎麼知道會懷孕？」
「我怎麼知道會愛上別人？」

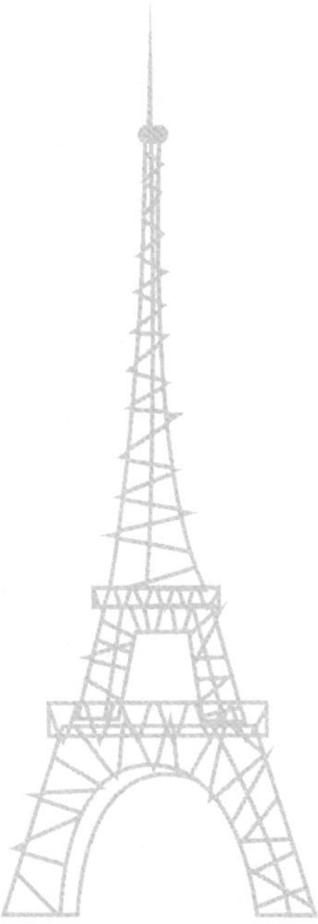

「我怎麼知道妳媽媽突然要來，我怎麼知道會做不到，我怎麼知道……？」

這時候，他連怎麼試圖說個好謊都不說了，滿滿的怨氣都是在推卸責任，建議妳轉身就走，沒什麼好扯的了。

聰明俐落的女人連嘆氣都不會浪費時間。

心中頂多自己生氣地問自己一句：「我怎麼知道當初為何會喜歡上這個男人？」

「我怎麼知道我那樣說之後，她真的會走……。」

這句後悔的話就留給他以後跟身邊的豬朋狗友說吧。

男人老實說

「我怎麼會知道。」其實是句縮寫。

原文應該是：「我怎麼會知道這件事還是會被揭穿、會被妳發現。」

謊言 53

想。

當女人問男人：「想不想我？」

試問，有哪個男人會豬頭到回答說：「不想。」

妳自己一開始就問一個答案誠意度絕對不夠的問題要怪誰？

當然這句話還是有分層次的。

若對方連頭都沒抬，繼續看報紙隨口應一句：「想啊。」

這當然是敷衍了事。

若對方在看電視或是在開車，還會回過頭來看妳一眼，再瞄回前面，當然比剛剛的表現有誠意多了。

若是談話到一半，妳突然這樣問他，他突然沉默不語，眼神變得溫柔，慢慢地看著妳的眼睛說：「當然想。」

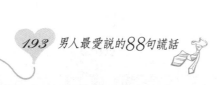

要嘛是真的，要嘛就是他太會演戲了。
「我當然想妳，不然我會想誰呢？」
這樣又太油了。

男人老實說

何必問男人：「有沒有想我、愛我」、「會不會對我好」這些問題，因為答案一定是妳想聽的，除非男人要跟妳吵架。不然誰會說：「不、我不想妳、我不愛妳、我不會疼妳、我不會對妳好」這類話。

謊言 54

妳讓我感到窒息。

他只是在找藉口跟妳分手。

他覺得跟妳在一起壓力太大，沒有自由。也許是妳太在乎他，也可能是妳太愛查勤，不論如何，他這樣講，就只是要找個理由跟妳分手而已。

這個時候他當然完全忘了當初是如何愛上妳的。

感情就是這樣。

當激情褪去，天真就變成無知，依賴變成糾纏，關心變成壓力，打電話變成打擾，撒嬌變成幼稚，原本對方喜歡的都變成討厭的藉口。

妳不用辯駁，除非妳仍然愛他，但是當男人說妳令他喘不過氣來，其實已經比他說我不愛妳還悲哀。

妳讓他害怕，讓他心生畏懼，讓他感到有壓力，這比他不愛妳還糟。

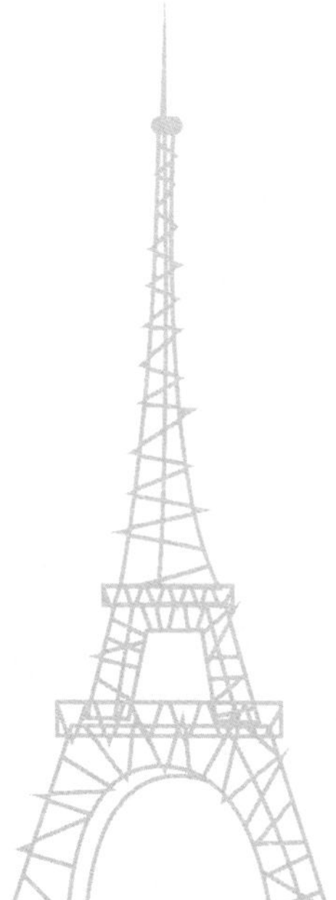

他跟妳說：「妳讓我感到喘不過氣來。」其實總比妳跟他說好。

妳可以捫心自問：是否對他管得太緊，一天到晚查勤？

男人幾乎都是派對動物，越受歡迎的人越愛熱鬧，妳想跟安全感十足的悶宅男在一起，還是跟有危險性、卻受人歡迎，又讓自己有面子的男人在一起，自己問一問自己吧！

感情需要給對方一點空間、一點距離，才會長久。

妳看《慾望城市2》兩個男女主角都已經是情場高手了，結婚後，凱莉還是答應要給大人物每周請兩天假去過自己的生活，人都需要喘口氣的。

除非這句話是他在妳對他脫了胸罩時說的，那自然另當別論。

男人老實說

任何不合常理的話都是藉口，都是為了達到目的說的。

沒有理由、沒有藉口、沒有意外，男人經常說得出口卻往往做不到。

謊言 55

放心，我對她已經沒有感覺了。

怎麼能放心？男人有時候對一條舊牛仔褲都會有感情，何況是過去的女朋友。

妳會完全對過去的男人沒感覺，男人很少會。

尤其是對方以前的女友，萬一不像男人日漸衰老，反而越來越注意穿著打扮，氣質談吐越來越出眾，相形之下，在他身邊的妳，因為太過於熟悉，反而失去了新鮮感。

試想，哪一對情侶都老夫老妻了，每天還會精雕細琢地在對方面前打扮，所以男人難免會比較，凡事一旦比較就會傷感情。

當然是多少察覺有異，妳才會問，他才會這樣回答。

這句話深一點的意思其實是：「我對她好像還有一點感覺。」

這不是危言聳聽，這是一種徵兆。

「你對她真的沒有感覺嗎？」

「沒有，怎麼會。」
「真的一點都沒有？」
「沒有啦，妳幹嘛一直這樣問？」
「因為我剛剛看你看她的眼神怪怪的。」
「很久沒見了，當然會看一兩眼。」
「那你老實說有沒有，看到她，真的一點都不會想起過去的事情嗎？」
「好，有一點可以了吧。」
「那你剛剛幹嘛說對她已經沒有感覺了？」
妳窮追不捨地逼問他：「說、你說、你給我說！」
（請問妳到底要男人怎麼樣？）

男人老實說

他叫妳放心，其實是要叮嚀自己不可以分心。

謊言 56

我沒有偷吃。

這要看他是在什麼情況下跟妳說的。

若是衣衫不整地半夜偷偷進家門，卻被妳在他家樓下堵到，等於完全沒可信度。

他可能會跟妳說是去錢櫃唱歌，結果買單時跟隔壁包廂的人起了爭執，發生口角，一陣拉扯之下，他的領帶才會鬆、皮帶才會沒扣好，脖子才會紅紅的……。

妳若會聽得進去才有鬼吧！

「我沒有偷吃，我除了妳以外，不會看別人一眼。」

這種話聽聽就好。

在日常生活中，他若是突然冒出這一句話，首先就表示他很無知跟愚蠢，再來就是他一定做了什麼。

女人除了傻眼還能說些什麼。

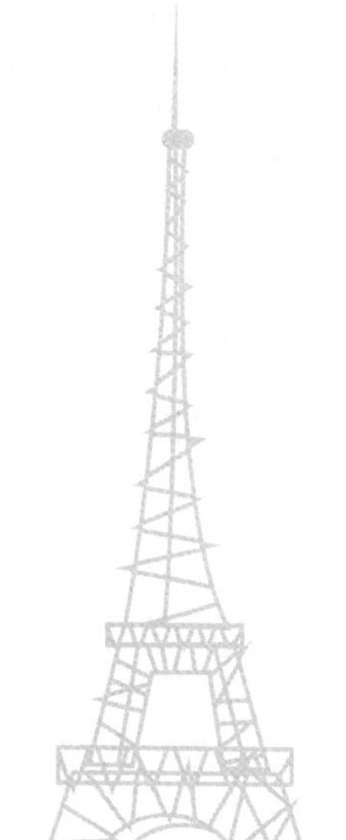

某部電影中，太太在幫出國公幹回來的丈夫整理行李時，突然在行李箱中故意拿出一條自己藏好的女用內衣褲給先生看，太太都還沒說這是一場惡作劇，沒想到心虛的先生臉一綠，馬上說了一句：「對不起。」

結果太太也哇地一聲哭了出來：「你果然有在外面玩女人。」

「我沒有、我沒有在外面玩女人。」

（因為他對外面那個女人比對妳還認真。）

當妳從他的皮夾中掏出一張旅館的刷卡收據，他振振有詞地回答：「那是我幫好友志忠刷卡的，不然怎麼會笨到帶回家。」

妳冷冷地回一句：「是嗎？」

他依然回答：「我沒有騙妳，不相信妳打電話問他，我絕對沒有在外面偷吃。」

雖然妳氣不過，但電話也打了，可是當他的豬朋狗友在電話那頭信誓旦旦說：「沒錯！旅館是我去的，那天錢沒帶夠，只好借刷老哥的卡，害嫂子誤會了。」

妳餘怒未消，卻稍稍放心地掛了話筒，橫了男人一眼，丟下一句：「下次不要再幫別人亂刷卡。」

男人也放下心中大石，連連搓手稱是。

但我還是要告訴妳，他剛剛說的話，百分九十都是謊話。

因為換作志忠的女人打給他，他也會立即反應說：「沒錯！旅館是我去的，那天錢沒帶夠，只好借刷老哥的卡，抱歉，害嫂子您誤會了。」

「真的不好意思。」他的好友不斷向妳賠不是。

女人總是不能理解男人之間的情誼。

男人老實說

若是他主動說了這句話，那八成是在出差的時候出軌了。

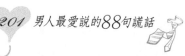

謊言 57

我出門走走。

「我出門走走。」

三更半夜，他突然跟妳說因為要寫企畫案卻一直沒靈感，要下樓去透透氣，但是妳躺在床上卻用眼角看到他不但拿了手機，還換上剛買的外套，甚至還噴了點香水。

白痴也知道有鬼。

但女人並沒有選擇跟以往一樣馬上揭穿他，反而在男人關上門後想著：是不是該走的其實是自己。

男人老實說

有很多時候，男人也未必那麼無知到以為妳會猜不透，搞不好其實這是一種暗示，婉轉地告訴妳，妳跟他的關係也該透透氣或差不多了。

謊言58

我對這個沒有興趣，我沒有看過A片。

「我從來不看A片。」這簡直是胡說八道，除非他不是男人。

沒有男人不看A片的，不看A片的簡直不是男人，就算他喜歡的不是女人，也多少看過「男男片」。

會這樣說的男人，要不是書呆子，不然就是想要故意表示自己多麼清高。

遇到這種人，我沒什麼好說的，趕快分手，這種做作的男人比說我不愛妳的那種人還糟。

說自己沒看過A片的男人，比說自己從來不會說謊還糟。

一旦他脫口而出這句話，他以後對妳說的話都值得存疑。

一個對自己都不能坦然面對的男人，他說的話怎麼能夠相信？

一個沒在青春期看過任何A片的男人，青春期的生活一定過得極不健全，甚至有

可能影響到成年後的兩性觀念。

要不就是太過於壓抑，要不就是真的書讀太多、讀壞了。

人的一生中除了成績以外，還有太多值得追求的東西，這樣的男人若真的連一片、半片丹麥或日本的感情動作片都沒看過，或許因壓抑本能，有可能有家暴傾向，或跟精神官能症相關的毛病，何況這也沒什麼好驕傲到可以拿出來說的，試想，這樣的男人在床第間會有多無趣？

一個沒有情趣的男人，簡直比完全不會說謊、調情還慘。

男人老實說

除非他不是男人，不然一定看過一、兩部A片，不然就一定有問題。就算是同性戀，也會看同志的情色片來解悶。

謊言 59

我愛的其實是妳。

男人深情地看著重逢的女人，他離開她已經一陣子，卻在今天突然來等她下班。

「我愛的其實是妳。」

她聽到男人這麼說，腦海中突然一片空白，一點也沒有開心的感覺，原來男人還將自己當做好哄的小女孩。

「我愛的其實是妳。」其實這句話的意思就是說：他剛剛才跟另外一個女人發生不愉快，他突然發現還是妳比較好、比較了解他。

這句話基本上是個比較級。

「不管怎麼樣，跟妳在一起，我感到最踏實、最開心，也比較像男人。」

也就是說，雖然男人出軌愛上別人了，只要他突然發現愛的還是妳，他還是會回來的，只要妳願意等他。

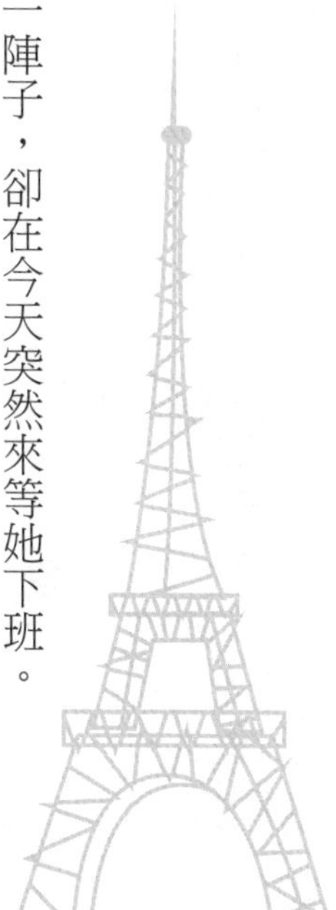

或者，男人覺得妳才是那個能陪他到老的人，他居然敢跟其他女人在一起後，還對妳這樣說，這表示他認為他吃定了妳。

女人聽到這個解釋，究竟該哭還是該笑？

眼前的男人居然將自己當成可以呼之即來、揮之即去的人，當對方突然想到還是自己比較好的時候，就回過頭來說：「我愛的其實是妳。」

那過去自己流的眼淚算是什麼？

能夠輕易這樣說的男人，還能指望他們真誠到哪裡去？

女人應該連理都別理，冷冷回一句：「可是我已經不愛你了。」

瀟灑一點，掉頭就走。

男人老實說

若男人分手後回頭說這句話，無非代表他後悔了，至於要不要接受、要不要原諒，就看妳在不在乎自己了。

謊言 60 我沒生氣。

「我沒生氣。」

他皺著眉頭淡淡地說，聽起來像是鼻音，其實他很不耐煩。

他嘴巴上說：「我沒生氣。」

可是跟妳走在街上，腳步卻突然邁得飛快，將妳拋在身後，硬是要領先妳一、兩步，連妳只看到他的後腦勺，都可以看得出來上面正冒著怒氣。

很多自以為是的壞男人，跟被寵壞的男孩一樣會鬧彆扭，愛面子，稍不如意就會板下臉來。

但是妳問他：「你是不是在生氣？」

他又會死要面子說：「沒有，我沒生氣。」

這當然是違心之論。

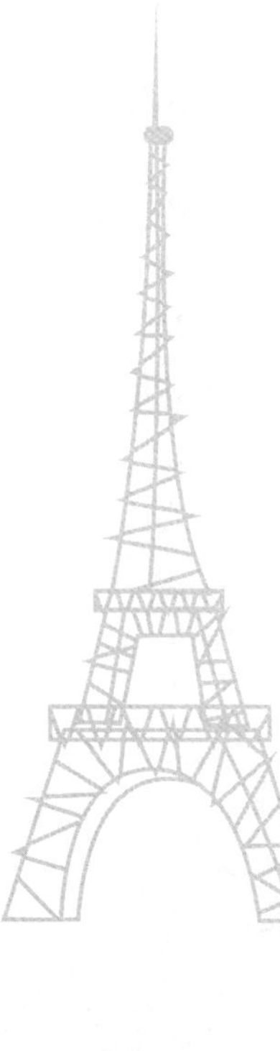

若妳真的不當一回事，繼續自顧自地去做自己的事情，他一定更不高興。

女人有很多時候比男人更天真，卻又成熟。

她會輕易為男人發脾氣的事情下註解為：對方會發脾氣是因為在乎我，不然以往他都會以成熟的態度處理公事，為了我，居然願意放下身段、不顧矜持跟我計較，這表示他真的在乎我。

所以我該好好讓他，不要再花時間冷戰了。

女人完全不會認為男人可能只是不夠尊重她，所以才會忍不住情緒，亂發脾氣。

總之，這跟女人會假裝生氣，以引起對方注意一樣。

試想，是否已好幾次妳在鬧彆扭時，男人試探著問妳：「你是不是在生氣？」妳也是將頭一撇，用鼻音哼著說：「沒有，我哪有生氣！」

若男人聰明地繼續哄妳，妳當然會逐漸舒緩情緒，也覺得有台階下。

若是男人因此以為得到正確的答案，就躺回去沙發，打開電視，繼續看球賽，妳不就一個人坐在客廳氣得半死。

男人也會撒嬌的，當他說我沒生氣時，其實也是希望女人再多關心地問兩句。

而且男人也遠比女人好哄多了，不要將小彆扭搞大，去摟摟他一定就沒事了。

男人老實說

很多時候，自以為是壞男人的男人不過是個被寵壞的壞小孩罷了，也有脾氣、也會鬧彆扭、也會鑽牛角尖、也會自己給自己下不了台，需要女人給他一點台階下，而且不著痕跡的，沒有不要面子的男人。

謊言 61

我保證不進去。

當他對妳這樣說，妳也應該知道今晚可能貞操不保，因為妳上一個男人也說過同樣的話。雖然也許妳也期待已久，但是身為女人還是有所顧忌，於是妳略為掙扎，是為了不想讓對方認為自己太隨便。

妳很清楚故事會怎麼發展下去，接下來他會說：「我會很溫柔的。」

接著他馬上就會用行動證明剛剛說的一切都是謊話，更慘的是，妳發現他還過度對妳吹噓了他自己的體力，情何以堪。

「我保證不進去。」、「我會很溫柔的。」、「我快來了。」

唉！妳早知道就不矜持那麼久了，原來是個銀樣蠟燭槍頭。

妳還沒下床，就在腦海中想著下一個男人何時會出現。

最好他外貌要順眼、品味要相投、談吐要得體可以交流，還要喝上無數杯咖啡，

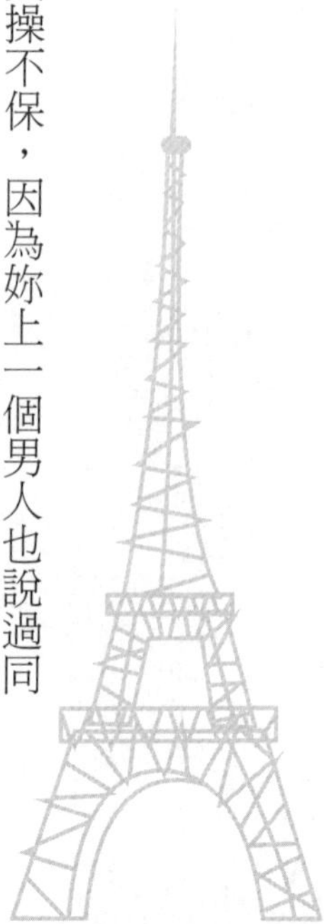

交換幾場喜歡的電影，跟幾首彼此都有感覺的音樂或是幾本小說，才會進一步到接吻，擁抱、輕輕的愛撫，夜晚入睡前的電話，忙碌時刻片段的簡訊貼心問候……到這一步，對方才有機會解開妳的鈕扣，跟妳說：「我保證不進去。」這句話。

女人想著想著都不禁沮喪了起來。

身旁的男人看妳垮著一張臉，還以為妳是在怪他表現令妳失望，於是連忙結結巴巴地試著解釋說：「今天我上班開會太累……下次我……。」

於是妳更替自己難過。

多希望今天沒給對方機會。

那彼此或許還會是談得來的朋友。

男人老實說

沒有一個男人對已經脫光、抱在床上的女人說：「我保證不進去。」時，是認真的，也沒有一個女人會希望男人對這句話是認真的。

謊言

62

我肩膀好瘦哦！

男人這樣說的時候，當然不是真的只是說肩膀瘦而已。

他跟妳這樣說，妳當然也知道對方要的答案，而不是回答：「我也是。」

男人這樣說其實就是想要妳幫他按摩、按摩。

男人有時候也很奇怪，某些事情跟要求，和女人一樣會拐彎抹角。

當他想要的時候，就會跟妳說：「明天還有事情，早點進房睡吧。」

然後，當然進了房間並不會馬上睡覺。

妳愛他，他也知道這一點。

於是他跟妳說：「我肩膀好瘦哦。」

就像個孩子一樣要賴往沙發倚靠。

於是妳一如以往地體貼，並上前幫對方按摩，甚至放熱水給他洗澡。

因為妳愛他，而且妳也相信有一天當妳這樣說時，對方也會一樣體貼妳。
但是，當妳某天下班回來，疲憊地跟對方說我肩膀好瘦，希望也有所回報。
男人卻煞風景地說：「明天還有事情，累了就早點進房睡吧。」
這個時候，妳當然再傻也分辨得出自己在對方心目中的地位。
真正疼妳的男人不用妳說，也會體貼妳。
普通在意妳的男人可能不夠靈敏，但在妳提醒後也該會做。
最糟的就是，妳已經開口後，還推托不做的男人。
奉勸妳也別再讓自己為了他找藉口。
他是真的沒將妳放在心上。
他真的看不見妳的付出。
他真的不在乎妳的感受。
他真的不夠體貼。
他真的很自私。
但是若是妳還是依然愛他，只能說自己活該，無話可說。

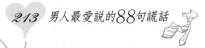

那妳還管他說的是真話還是假話，反正妳已經一而再再而三地自己騙自己，誰也救不了妳。

男人老實說

千萬不要認為妳對男人怎麼服侍，有一天換妳累的時候，男人就會反過來一樣對妳。

他若捨得花錢說：「那一起去按摩吧！」已經算是不錯了。

謊言 63

我這次是認真的。

只有愚蠢的男人才會認為女人還會天真地相信這句話。

因為你這樣說，不就代表前幾次不是真的。

如果他跟妳說：「這次我是認真的。」

先別去計較真假，應該先想想對方上次跟上上次這樣說的事有可能都是假的，既然如此，聰明的女人還是別追問好了。

當男人又一次這樣跟女人說：「我這次是認真的。」

我不知道妳做何感想，基本上，對妳說這話的男人也不是太在乎承諾這回事。

如果他表示我這次是認真的，不就代表上一次是騙妳的，而且他又故態復萌了，不然何必需要強調這次的認真與否。

「我這次一定會改。」

「我不會再背叛妳。」
「我會戒酒、戒菸。」
我不再賭博、不再動手、再借我錢。」
「我這次是認真的，真的，我沒騙妳。」
離開吧。
留在他家的東西如果不值錢，連收都不用收了，盡早脫身比較好。
會抽菸、喝酒已經不太好，再加上賭博跟動手，甚至還向妳借錢，上述行為只要同時有三項以上，就算是A咖、B咖也不是什麼好東西。
有些女人很奇怪，總是自以為是。
她喜歡所謂的壞男人，總認為別的女人改變不了他，我一定可以，但是卻又沒有分辨壞男人跟爛男人的智慧。
還是趕快走、當機立斷，再拖下去勉強也不會有幸福的，難道要等到報警，拿到家暴法防治令才甘心。
「我這次是認真的。」

這句話字面下的解釋：就是他上一次不是認真的，而下一次也有可能再說一次這句話。

男人老實說

其實我當下真的是認真的，我怎麼知道會有那麼多的意外，讓我做不到我的承諾呢？

謊言 64

等等就要睡了。

「我當然是一個人。」

去外地出差的他，在電話裡跟妳說：「我現在身旁沒有別人。」

但是他卻明顯急著掛電話。

除非是自己安慰自己沒事，別胡思亂想，不然當然是有問題啊！以前哪一回不是要講到情意綿綿，還捨不得掛斷電話。如今，他卻急著跟妳說再見、道晚安。

妳不禁懷疑地想：自己對男人是否已經不夠重要。

別懷疑，就是。

這話很殘酷嗎？但是騙自己對妳來說無濟於事。

如果是本來就分隔兩地的男女，試想，自己是否也曾因為不方便，瞞過對方、找過各種理由：室友回來、家人來訪、白天加班太累了、明天要早起……。

但是自己掛了電話，卻跟明明還在身旁的朋友聊天到半夜，甚至轉身就一起出門去PUB狂歡到天亮，甚至……。

人都有生理需求，何況妳又不在對方身邊，妳該不會真的堅信對方，幾個月甚至一年都沒有靠近女人的體溫，就沒有別的性生活吧？

「我等等就要睡了，明天要早起。」當妳聽到自己曾經說過類似的謊話，被對方拿來當作跟妳說再見的理由時，也就別太生氣了，除非妳從沒這樣做過。

但是妳卻發現對方口氣中明顯透露著一點急躁、不耐，甚至夾雜著不仔細感覺幾乎感覺不到的淺淺興奮。

完了。不相信，妳晚點再播對方手機，不是沒訊號就是關機了，要不然就是響了很久才接，背景聲音卻是異常的空洞。

男人老實說

難得自由，怎麼可能不好好慰勞一下自己呢！

謊言 65 共同帳戶。

「這一切都是為了我們的將來。」

他說你們兩個應該要一起努力存錢。

最好的方法，是將錢存在一個共同帳戶，這樣不能隨便動用，才可以為彼此存下將來的結婚基金，因為他覺得妳花太多錢在購物上、買太多化妝保養品、名牌手提包、名貴衣服……。

他建議妳要好好為生涯做規劃。

他都是擔心妳，都是為妳好。

好笑的是，這些根本是妳花的自己的錢。

可笑的是，妳還認為他說的居然是對的。

於是，等到有一天分手時，兩人還在為了釐清彼此的金錢關係，鬧得醜態百出、

不可開交。

或是共同帳戶裡的錢根本早就被提領一空。

那時候再來後悔都早已來不及了。

既然如此，想買名牌包就買吧！

除非妳自己拿去米蘭站跟中居美嘉這類二手精品店賣掉，不然它也不會自己主動離開妳。

男人老實說

我看她那樣花大錢，買昂貴的名牌包包，還不如我來替她管理，做金錢規劃，但是我哪知道雷曼兄弟會倒閉啊！

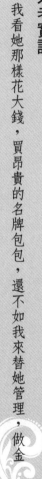

謊言

66 我需要投資做生意，這一切都是為了我們的將來。

很多情侶在一起後，錢財往來都會搞不清楚，而女人總是比較容易吃虧的那一方。

當對方跟她說：「我需要投資做生意。」女人十之八九都會答應，以為自己是在投資彼此的未來。卻完全不知道，即使是最好的情況下，不過是拿回本金而已，甚至可能人財兩失都不意外。

在男女之間交往時，奉勸不要做的事情中：不要跟對方有金錢往來的關係，一定會排在前三名。

不能跟對方借錢，也盡量不要借錢給對方。

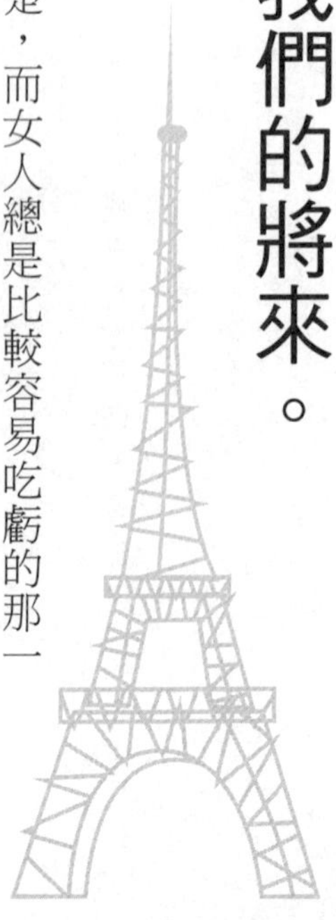

一旦跟對方開口借錢，不管你沒有借到手，姿態都矮了半截，而且如果開了口還借不到，更難堪。

而且妳的錢一旦借了出去，就要當作捐給慈善機構了。

因為，萬一妳跟對方開口要，妳就變成十惡不赦、愛計較的一個人。

男人老實說

我總不能一開始就跟妳說其實我根本只是打妳荷包的主意吧！

男人總會推說：「是妳自己沒想清楚，怎麼可以怪我，當初就該知道會這樣了。」

謊言 67 我絕對不會對妳小氣的。

如果男人說：「我絕對不會對妳小氣的。」

妳就跟對方說：「這句話不是用說的，是要用做的。」

男人一開始交往都會假裝大方。

極少有開始交往就出手小氣的男人，如果有，妳大概也不會想要跟他在一起，總不會有哪個男人一開始跟妳約會，就說省點錢是為了以後吧。

隨著時間演變，男人的肚子越來越大，口袋就越縮越緊。

女人最怕有一種男人，總是分手後，到處跟其他朋友訴說：「她也不想想我在她身上花了多少錢。」這種將交往時花的錢都當作投資的人其實還不少。

有人還會將交往過程中花的每一筆錢，居然都用Excel財務公式計算得清清楚楚。

這樣的男人還在公眾場合自以為很有面子，委屈地向眾人訴苦，真不懂他當初何必打腫臉充胖子，裝闊，假裝大方。

跟他一樣糟糕的是，還附和幫忙計算金額的那群狐群狗黨們。

女人說：「分手後，他居然要我將他以前送的東西全部都還給他，真是糟糕。」

說穿了，自己笨能怪誰，當初女人還不是因為男人一開始出手大方，才對他有好感的，等到人財兩失才懊悔是沒必要的。

跟這樣的男人搞在一起的女人，自己也要檢討檢討。

至於那個大言不慚、大發厥詞，計算在以前女友身上花了多少冤枉錢的男人，令人更替他的女友感到悲哀。

男人老實說

奉勸男人掏皮夾要比掏老二快。

謊言 68

我是為妳好。

對方總是在事後理直氣壯這樣說：「我是為妳好、我不告訴妳是怕妳擔心，我之所以瞞著妳是不想讓妳煩惱，這一切都會過去的，我真的是為妳好，以後我再跟妳解釋，先別問那麼多好嗎？乖。」

「我最在乎妳的，相信我，一切都是為了我們的將來。」

上述這段話簡直每一句，每一個標點符號結束的剎那，都是由謊言構成的。

完全沒有可信度。每句話、每個字都是為了安撫妳。

每個段落、每個忽高忽低的語氣，或是摻雜哽咽的聲音都是假造的。

當男人說出：「我一切都是為了妳好。」這句話時，他就在為自己找理由脫罪。

所有他事先瞞著妳進行的一切，都可以用一句「我是為妳好」一筆帶過。

就算妳願意接受，身旁的好朋友大概都已經看不下去，認為妳沒救了。

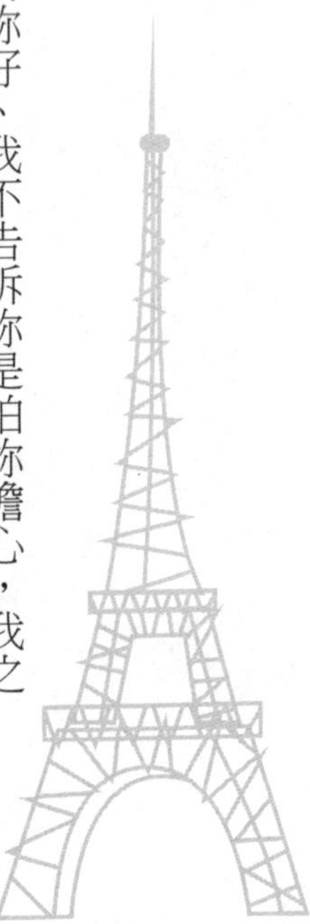

相信我，當身旁的所有閨中密友都認為妳沒救時，有極大的可能證明她們是對的。我前面已經說過，有時候女人很喜歡跟現實唱反調。

別人越說是不好的，危險的、有問題的，對妳提出規勸的，通通被妳一竿子打到不了解妳的愛情有多偉大的框框裡，於是妳像打了嗎啡般給自己安慰，甚至反過來用那男人對妳說的話，但自己都不太相信的理由去跟周圍規勸妳醒醒的朋友說：「他是為我好。」

妳沒救了！

男人老實說

「我是為妳好」的真正含意就是：

妳怎麼可以懷疑我？我所做一切當然是為妳好。

當男人說：「我都是為妳好。」其實就是解釋不下去，希望妳別再追問了。

謊言69

我絕對不會劈腿。

會承諾的其實只有兩種男人：一種是以為自己做得到，一種是明知道自己做不到，還這樣說。

當男人開始承諾，其實就是一段謊言的開始。

其實開始時他並非故意的，可是就跟股票爆跌一樣越來越難以控制，於是越說越誇張，直到海誓山盟只是一種盡頭。

我經常說一個關於承諾的小寓言：

拜託青蛙載自己過河的蠍子在過河途中還是忍不住螫了青蛙一下。

臨死前，青蛙不甘心地問為什麼，蠍子也不好意思地說：「對不起，可是我就是忍不住違反自己的承諾，這大概就是我的天性吧。」

男人就跟蠍子一樣，說謊其實是種天性。

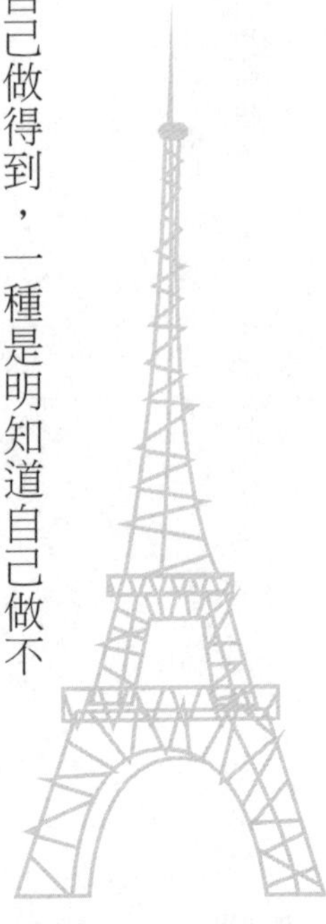

男人有時候就跟法國鬥牛犬一樣，暴躁、易怒、個性固執，但是不太會真的咬人，容易虛張聲勢，喜歡窩在狹窄空間裡，例如沙發上，不喜歡玩拋接遊戲，他以為自己才是一家之主，但是若妳騷牠的肚子，牠會永遠愛妳。

但是鬥牛犬容易走失，很多時候有好吃的就好，就會跟對方走。

男人都有會劈腿的基因在。

但是他會催眠自己：劈腿跟喜歡上別人其實是不太一樣的，我會跟某人搞外遇，但是我還是比較喜歡自己的女朋友跟老婆，真的要做選擇時，還是會先回到老婆的身邊。

只是男人通常都認為女人比較小氣、愛計較，於是他不敢跟妳說，他曾經偷偷喜歡上別人，即使是一時的心猿意馬。

只是他太低估女人的智慧。

在床上的男人突然沒頭沒腦地轉過頭來對身旁的女人說：「我絕不會劈腿。」

那不過是讓身旁的女人開始胡思亂想，輾轉難眠換了另一個人失眠而已。

若男人是要用這件事讓女人對其它正在猜疑的事分心的話，他有時會故意釋放出莫須有的罪名訊息，讓女人分心。

例如，女人正在查兩人共同帳戶的金錢流向時。

沒有一個女人能夠忘記男人曾經抱著另一個女人睡覺的情景。

男人有時候表面上故意說一些看起來好像讓自己處於不利情境的謊言時，很可能是轉移女人的注意力而已。

不過是看哪件事情的嚴重性比較大。

撒謊有時候對男人而言也是個工具。

男人老實說

我是答應妳我不會，

但這是天性我無法改變抗拒……。

謊言 70

我有了新對象。

這不是謊言，這只是藉口。
很多女人總是回一句：「你騙我！」
男人難得說一次實話，妳卻又不相信。
妳到底要對方怎樣？

男人老實說

這是實話，不然也是一個不得已、怕妳不死心的藉口！

謊言71 這是朋友借我的CD／書。

有問題。

除非是假文青，不然男人在把到女人後，很少有閒暇時間再在一起討論音樂跟書籍，或是選一瓶優質的紅酒。

但如果他拿著對方借他的CD回來聽，或是拿著書窩到沙發上看，妳認為勒？

妳也是女人，妳會沒事推薦一本好看、有感覺的書給一個男人嗎？

妳要不是希望對方看了妳推薦給他的書，能對妳也有點感覺，難道是真的要跟朋友分享人生大道理嗎？

女人是個很奇怪的動物，她往往不會直接將自己真正的意思表達出來，任何事情總是要拐彎抹角，所以在很多時候，這也是一種暗示。

對於還不熟悉的兩人而言，好的音樂絕對可以加分。

當初你們不是也這樣嗎？好不容易邀請對方到家裡了，燈光、餐飲、紅酒或飲料，當然一定需要好的音樂襯托氣氛。

如今，居然有另一個女人推薦好聽的音樂給妳的男人，就算男人真的不懂，妳也知道接下來若不阻止將會發生什麼事。

但是男人真的不明白嗎？妳當初會看上、喜歡上的男人豈有如此愚鈍？

所以當男人下班回來，從公事包中拿出一本包裝精美的書說：「這是我公司新來的女同事推薦我看的。」

女人當然臉若冰霜且冷冷地說：「是嗎，那我先看看。」

順便將書抖一抖，看看有沒有夾什麼曖昧的小紙條。

男人老實說

我當然不是要看書、理解音樂，而是藉著想要看完書後，看看是否能夠多了解一下對方的心思。

謊言72

我只是想跟妳說說話而已。

當男人這樣說：「我可以來找妳說說話嗎？」

基本上這根本不是疑問句。

女人也不會天真地以為，當男人說：「我想找個人聽我說話。」的時候，以為男人真的除了耳朵，不需要女人提供其他器官吧！

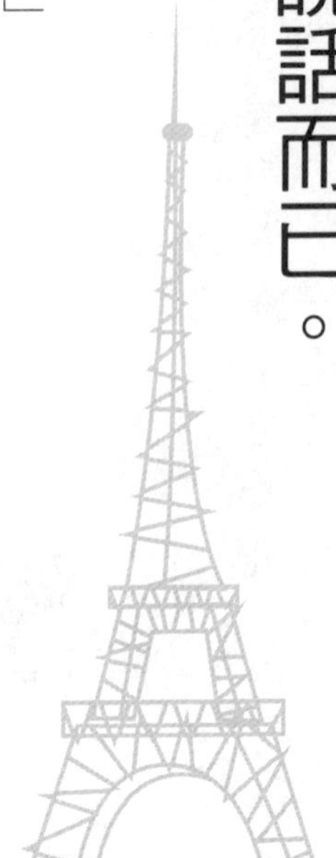

男人老實說

我當然希望除了說話，還能夠做點別的什麼……。

謊言73

我沒關係，妳要好好照顧自己。

「我沒關係。」分手後，他總是講這句話給自己聽。

男人跟妳說：「要好好照顧自己。」有時候並不完全是字面上的意思。

他已經跟妳分手了，卻每次看到妳都會說這一句，其實是表示妳要不要復合試試看，再續前緣。

他不是真的要妳好好照顧自己，而是想試著提醒妳，回想以前被他照顧的日子。

男人老實說

不然分手後遇見妳我還能說些什麼。

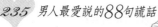

謊言 74

我一向拿得起、放得下。

總是會有男人喜歡滿口掛著這句話：「我是男人，應該要瀟灑豪邁，所以我一向是拿得起，還要懂得放下。」

這是什麼屁理論，根本是因為拿不動、不得已，才不得不放下，還要找藉口。自己沒能力維繫這段感情，還要給自己找藉口。

一副自己多瀟灑的樣子。

偏偏還有女人在聽喝醉酒的男人訴苦時，覺得對方好Man哦！

還認為這個男人真的好瀟灑，都是他以前的女人不夠了解他，居然還選擇離開他，換作是我的話……女人若思考到這邊，還不自己踩煞車，就等於已經被宣告死刑，完了。

「我一向拿得起、放得下。」這句話，不過是男人為自己的情緒找藉口。

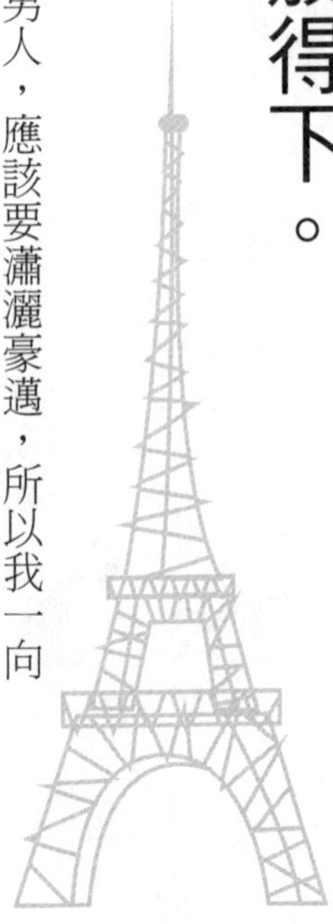

假裝他不在乎，失戀跟感冒一樣，沒有不會難過、不會頭痛的，只是看時間長短而已，若真的有男人毫無牽掛，第二天就恢復正常。

這樣冷血的男人，妳還敢跟他在一起嗎？

男人老實說

不過是不想再背著責任罷了，

這不過是男人假裝瀟灑、自以為豪邁的說法罷了。

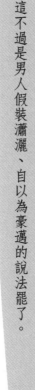

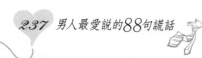

謊言75

朋友以上，戀人未滿。

「讓我們時髦一點，維持一個好友以上、戀人未滿的關係吧。」

妳以為對方在跟你說某齣日劇的對白嗎？

說的比唱的好聽。

其實不過就是要妳做他所謂的「砲友」。

這種過渡階段不過是時下年輕人對「砲友」的另一種文雅的解釋。

講白一點，這句話不過就是隱藏著另一個意思。

「我喜歡妳，但是我又不想負責任，我想我們就做個純粹超友誼關係的伴侶好了，彼此都快樂，各取所需，妳說怎麼樣？」

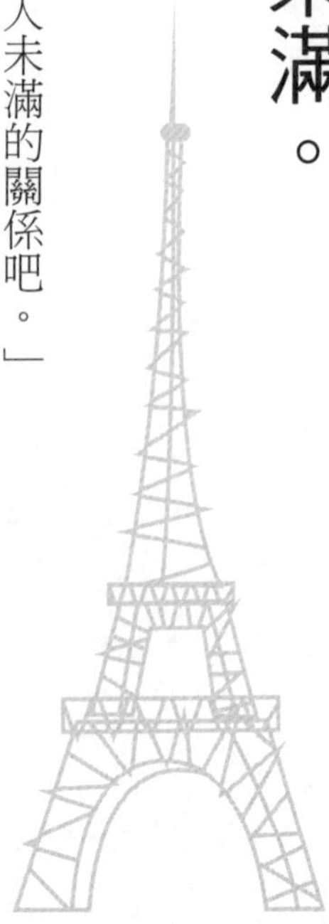

男人老實說

「讓我們做朋友吧！」

他只想認識妳。

「讓我們做個好朋友吧！」

他可能除了想要做朋友外，還要點別的。

「讓我們做個好友以上、戀人未滿、無話不說的好朋友吧！」

他無非想上妳而已。

謊言 76

我又不是故意的。

「我會這樣做，還不都是因為在乎妳！」

這種話只有對方也同樣在乎他的時候才有用。

他又搞砸了，不管是什麼事，那已經不重要了。

甚至你們吵到一半，都早已經忘了爭吵的開端是為了什麼，總之他甩上門離開前，丟下的最後一句話就是：「我會這樣做還不都是因為在乎妳！」

所以會變成這樣都是妳的錯。

妳不可以怪他，照他的說法，妳還要檢討一下自己，姑且不論妳花了多少時間浪費在這段感情上，會走到今天這個地步都是妳的錯。

男人有時候對自己說謊太久、太多次了，所以他也認為事實是這樣了。

「我怎麼知道會塞車，遲到又不是故意的，我不是已經盡量趕來了嗎？妳幹嘛還要不高興？」

「我又不是故意的。」跟「我怎麼會知道？」其實都是不負責任的一種謊話。

「我怎麼知道真的會懷孕？我怎麼知道會弄丟？我怎麼知道尺寸不合、我又不是故意忘記買衛生紙的。」

但是他卻記得買自己的啤酒跟菸？

「我又不是故意忘記妳講的事情。」

沒錯，他並不是故意忘記的，他只是先天性根本不把妳交代的話當一回事。

也就是說，他根本就不重視妳。

男人老實說

當他又這樣說：「我又不是故意的。」

就是表示他心中根本不想為這件事負責任。

謊言77

我當然沒看過，我說過要等妳一起看的啊！

「沒有啊，這部電影我還沒看過。」但是他在戲院卻無法專注地看著螢幕。

他或許還會聰明地跟妳解釋、討好說：「那是因為我都在專注地看著妳。」

心理專家曾分析：一個花心的男人，往往會把一齣熱門的電影看好幾遍，而且是跟不同的對象。

但是男人每次都裝得很投入，跟第一次觀賞一樣，因為對他來說一部好看的電影，不過是約會的道具之一而已。

剛在一起時，女人問：「我想看這部電影，你看過了沒？我們去看好嗎？」

「好啊。」除非妳真的長得不是很討人喜歡，不然，對方一定滿口答應。

在一起後，你問：「這部電影你該不會看過了吧？」

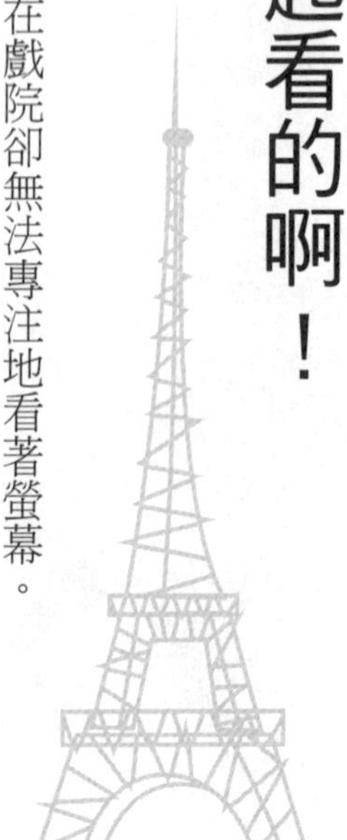

妳發現他對妳的提議似乎提不起勁，妳疑惑地問他，在妳還沒問出是跟誰去看的、什麼時候之前，他若不是笨蛋，一定會馬上說：「沒有啊！走，我們去買票。」「我當然沒看過，我說過要等妳一起看的啊。」他斬釘截鐵地回答。

等到兩個人在一起很久、很久、很久之後，就算他看過這部電影，男人還是不會愚蠢到跟妳說：「這部電影我跟別人看過了。」即使你們的感情已禁得起挑戰。

他頂多這樣說：「我想跟妳待在家，我們一起擠在沙發上看DVD就好啦。」

反正不管怎樣，大部分的男人絕不會蠢到承認，他私下去看過跟妳認識後上映的任何一部電影。

男人老實說

就算我已經看過三遍了，我也不會跟妳說：

「我跟別人看過這部電影。」

謊言 78

順路，我送妳。

男人幾次接送下來後妳才發現，他根本是住在跟妳完全不同方向的地方。

他當然是對妳有好感。

明明妳住在新莊，他就算是住在東區錢櫃旁邊，等唱完KTV，他也會說很順路，堅持要送妳不可。

男人都會自以為是，總不會有男人會認為，妳對他完全沒好感，還願意連續幾次都被他順路送回家的。

對男人來說，這是一種他試探女方的變相邀請。

「順路，我送妳。」

怎麼沒看到他要送別人？

這句話的意思已差不多等於：「交往，好不好？」

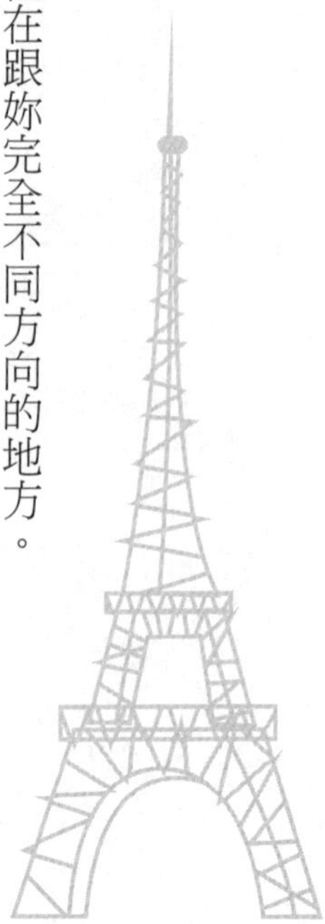

對女人而言，奉勸妳若對他完全沒那個意思，還是避免坐上他的副駕駛座。

免得瓜田李下，就算妳日後跟他說得很清楚，旁人又怎麼想？

而且妳又怎麼知道這個男人會不會已經在私下有意無意地暗示朋友，其實妳跟他可能有過怎麼樣。

於是，漸漸妳察覺怎麼每次出去聚會，你們都被安排坐在一起，然後散會後，大家都很識相地讓他去開車送妳回家。

搞不好妳為了避嫌，不再搭他的便車，還會被他的狐群狗黨說是曾經跟他有過一段不成熟的過去。

然後，最糟糕的是，他還對別人說：「是我先發現彼此不適合，才婉拒她的。」

妳搞不好還在他散佈的流言中，被說成妳因此很難過傷心好一陣子。

剛好那一陣子妳工作有瓶頸，情緒又不太好，卻又正好誤打誤撞地吻合對方瞎掰的情節。

而女人對於自己成了別人虛構情節中茶餘飯後的主角還不自知。

最尷尬的情節之一，也曾在《慾望城市》中演過。

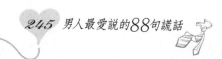

劇中飾演女主角的摯友，有一次訴說自己的親身經歷：「最尷尬的事情，莫過於被自己對他根本沒有興趣的人拒絕。」

千萬別隨便答應別人的示好，一定會惹來麻煩。

男人老實說

當男人對席間一個略有姿色的女人說：「我順路，我送妳。」他根本連問妳住哪裡都還沒問，就說我順路，當然是別有居心。

若是對妳沒興趣，所謂的順路頂多一次、兩次，下次妳再要搭他便車，他就會說：「真不巧，今天要先去別處辦事情。」

謊言 79

我絕對不會勉強妳。

「我絕對不會勉強妳。」

第一次約會，在郊外遇上驟雨，兩個人淋成落湯雞，只好就近找個旅社休息，好吹乾頭髮跟衣物。

這對他來說，簡直是天賜良機，他嘴巴上說會尊重妳，絕對不會勉強妳。

但妳還是因為那一次之後跟他在一起。

「我絕對不會勉強妳。」

婚後，他原本答應妳不會跟父母同住，也說如果妳不願意，絕對不會勉強妳要應付他的父母。

但是，現在孩子都生了，妳跟他還是住在他爸媽家裡，每天早晚妳還是必須要跟公婆請安，看他家人的臉色。

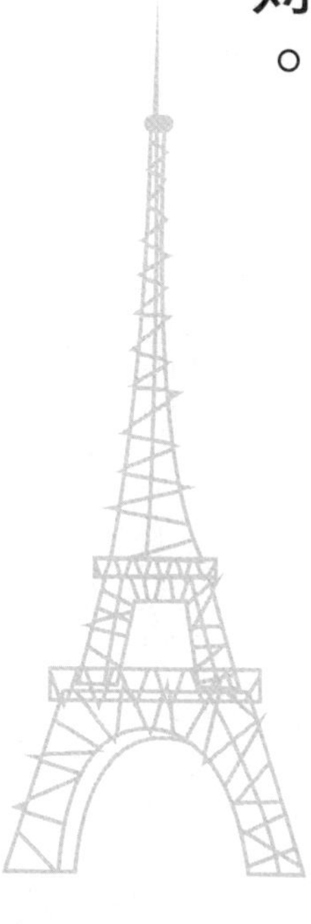

好不容易存了點積蓄，搬了出去，男人開始打拼自己的小事業。
「我絕對不會勉強妳。」
他雖然嘴巴上這樣說，但是每一次都會。
逢年過節，還是要妳陪著他應付廠商、招呼客戶，回家裡陪父母打上八圈麻將，禮拜天還要應酬上司，去打球後回來，要妳做好料理招呼經理。
妳若不願意，他就會說妳不懂得體諒他。
如果他缺頭寸，就要妳再回娘家借錢周轉，絲毫不顧妳這嫁出去的女兒三天兩頭跑回娘家開口，面子多掛不住。
「我絕對不會勉強妳。」
妳累得半死，實在提不起性致。
他卻在看完球賽轉播後性致勃勃，一直想要跟妳溫存，妳左躲右閃，他一開始說不會勉強妳，後面幾乎是一邊懷疑妳是不是外面有男人，不然怎麼對他完全沒興趣？一邊將妳的衣物扯掉，對妳而言，這實在太不堪了。
「我絕對不會勉強妳。」

簡直就是說：「我絕對不會管妳的想法是什麼。」一樣。
「我再也不會相信你了。」
下次男人再勉強妳做不想做的事情，乾脆這樣直接回答他。

男人老實說

男人說：「我絕對不會做勉強妳的事情。」
就是指日後再發生時，希望妳識相點，會主動答應，不需要他再花費唇舌說服的事情。

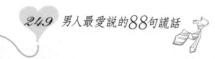

謊言 80 我沒喝醉！

他渾身酒氣還在強辯說：「我沒醉！」

那不是說謊，是在睜眼說瞎話。

他此時說什麼都不是認真的，甚至還會藉酒裝瘋，搞不好還將平常壓抑的話都一股腦地說出來。

這時候的妳，倒也不必太過跟男人計較在意。

除非他嚴重脫軌到說出他外面還有別的女人，而且還比妳還溫柔，也不會像妳一樣管他喝酒什麼的當然另當別論。

相信我，若是他真的這樣說，自己也會被剛剛不小心脫口說出的話嚇醒三分，然後他就會堅持說：「我真的喝醉了。」

於是「我沒喝醉。」和「我真的喝醉了。」的聲音迴響在同一個時空裡。

妳說男人有時是否也很蒙太奇？

男人老實說

當男人耍賴說：「我沒喝醉」時，就等於是說：「我不想面對。」

謊言 81

妳再給我一點時間。

或許他說的時候真的是誠意十足，但是實在力有未逮。

「我一定會好好跟妳在一起。」

「我一定會努力工作，妳等我。」

「我一定會跟她分手，只是她畢竟是我孩子的媽，我不想讓孩子有個不完整的童年，妳再給我一點時間。」

「妳要什麼我都會滿足妳。」

每當妳動搖的時候，他一定會緊緊摟著妳，深情地望著妳，告訴妳其實他的心底最在乎的是妳，每次離開妳身邊，回到家裡面對另一個人的時候，他比妳還難受，心如刀割。

妳一直相信著，一直認為對方會和另一個女人談好離婚的條件。

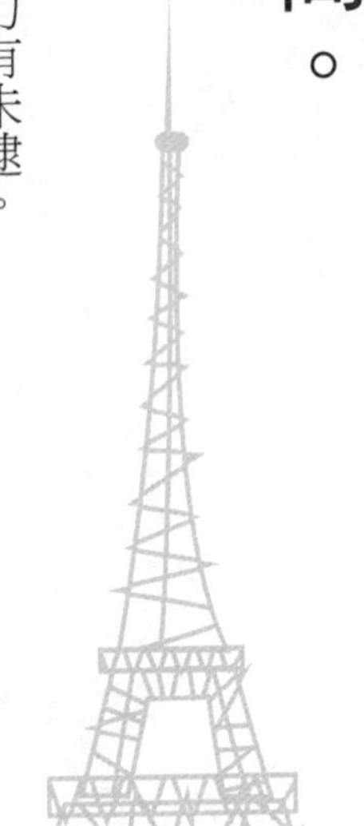

直到某次妳在百貨公司，不慎看到男人跟他口中那貌合神離、相敬如冰的另一半，兩人有說有笑地牽手逛街。

妳才終於恍然大悟。

原來對方所謂的要再給他一點時間，不是讓他去處理，而是要妳再跟他多相處幾天，直到妳發現現實真相為止。

原來男人的那句話跟王菲的歌詞一樣，還沒唱完、沒說完，後面還有一句：「請妳再給我一點時間……直到妳發現我根本不可能離婚的時候，再說要走好不好？」

男人老實說

當男人說妳再給我一點時間時，

他不但沒有誠意，甚至只是想要多耽誤妳一些時間而已。

謊言 82

我其實不是那麼好。

「其實我是個壞人。」他一開始就跟妳這樣說。

我都不得不懷疑，他是不是幾年前看過我的另一本書——《就是要當壞男人》。

在那本書裡，我建議想要當個瀟灑不羈壞人的男人，第一條守則就是要先告訴女人自己不好，讓她先有心理準備，日後盈虧自負，其實擺明是一種占盡便宜的以退為進方式。

「我是個壞男人，妳要知道。」

男人會在溫存過後，靜靜地撫弄女人髮梢時這麼說。

「我不好。」故作瀟灑。

通常自以為聰明的美麗傻女人，此時都會笨笨地輕笑著回答：「壞人怎會自己承認是壞人？」來替對方開脫。

卻不知，這正是一般男人最常用的以退為進手法之一罷了。

幾年前，我在那本書中是這樣建議的：

想要當個壞男人，一定開始就要開門見山地跟對方坦承自己是壞男人。

那個時候以為，只要男人一旦按照慣例說了這句話就贏了先天上的一半優勢，因為他一開始就已經告知對方後果自負了。

這樣以後女人被不小心傷害時，不就可以光明正大的跟她說：「咦，我不是一開始就說過我是壞男人了嗎？」

在女人一時啞口無言、還來不及反應時，趕緊給她一個幾乎不能呼吸，又不希望瞬間停止的擁抱，根本忘了原本要埋怨些什麼。

男人常常對妳說：「兩個人在一起，不是快樂就好了嗎？」

所以，壞男人先要大方承認自己是什麼樣的人，只要對方願意接受，以後發生再大的事情，只要沒有嚴重傷害對方，讓對方下不了台，相信都可以迎刃而解。

但是隨著時間演變，事情會改變，有些事情會沉澱，會被證明。

曾幾何時，滿街的男人開場白都是一句：「其實我是壞人。」

簡直跟在星巴克說：「我要一杯拿鐵。」一樣稀鬆平常。

今時今日，還這樣自以為聰明跟妳說這句話的男人，只不過是在證明自己的小小無知而已，現在的女人哪裡還有那麼好騙，妳大可回對方一句：「不想負責任就不要負，幹嘛惺惺作態，怎麼不講你自己是超人啊？」

「我其實不是一個好人。」這句話奉勸男人還是要看對方是怎樣的女人再說。

雖然還是有一半以上的女人吃這套，但除非你是裘德洛。

更希望女人在看了這段話後，不要再輕易陷入「我其實不是那麼好」的魔咒之中。

男人老實說

當男人突然說自己是個壞人時，就是在佈局。

希望女人有心理準備，遲早有一天他會不告而別時別怪他；不然就是原本根本不瀟灑的男人，不知看了哪本書學來的招數，可惜東施效顰、畫虎不成反類犬的結果比較多。

謊言 83

我的心好痛。

當對方這樣說，那一定是因為妳有某件事情不願意滿足他，或不願意屈就、不肯答應、不肯跟他發生關係、不肯和好、不肯借錢給他周轉、不肯原諒他、不肯為他改變、不肯再跟他上床、不肯幫他……。

於是，他對妳說：「我的心好痛。」

才沒那回事。

網路上曾流傳一句話：

男人最痛心的只是：為女人掏心掏肺，卻不能掏老二。

女人最痛心的卻是：為男人掏心掏肺，他只會掏老二。

妳原本以為這個男人會是例外，沒想到還是跟前幾個一樣，搞不好還更糟糕。

女人經常高估男人，她們總是自以為聰明，認為男人真的能夠了解她們在想什

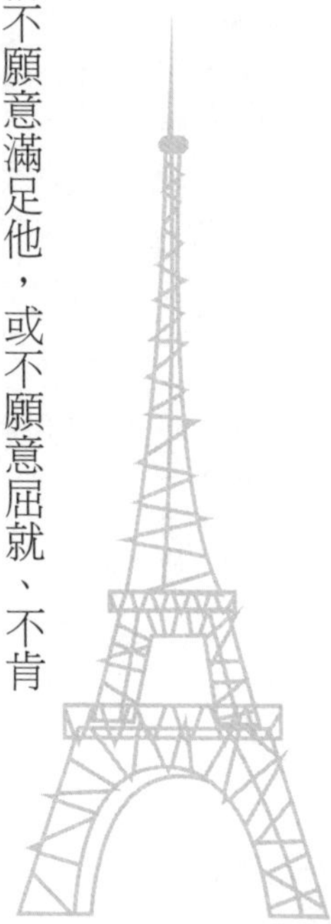

麼，許多事情都不願意說個明白，但是當男人再次會錯意的時候，又惱羞成怒。

男人被拒絕，又自恃身分不肯輕易惱羞成怒，於是只好垮著臉跟妳用哀兵政策，說他的心好痛、好難受，他只不過是在利用女人都會有的母愛天性，希望妳會可憐他、同情他、答應他、配合他、完成他、滿足他。

如果妳又輕易答應男人，當他的身心滿足了。

換作妳心痛。

男人老實說

當男人施出苦肉計，無非是想利用女人容易泛濫的母愛天性罷了。

只要女人一旦對男人心軟，男人什麼事情都做得出來。

千萬別輕易心軟，多觀察一陣子再說，就像路邊瘸腿的乞丐也有下班後行動自若站起來的時候。

謊言84

那是打錯電話的。

「喂，嗯……。」他沉吟了一會，皺了皺眉頭，然後他以為妳沒察覺地用眼角瞄了妳一眼。

他卻不知他眼角轉回去時，妳也用眼角瞄了他一眼。

他快速地掛了電話，若無其事地看妳一眼，簡單回答：「打錯的。」

然後馬上回頭繼續去看他的球賽轉播，一副好像根本沒人打過電話來的樣子，但是妳發覺他的後頸某根神經似乎微微的在顫動。

妳仍然沒講話，臉色越來越凝重，還在齒縫間發出「嘖、嘖」的聲音。

他開始坐立不安，在沙發座上扭動著身軀，妳正要伸手去拿他擱在茶几上的手機，他跟電視上的後衛一樣，動作快速般抄球，將手機拿走。

「幹嘛啦？」他將手機緊緊握著放在身後，跟寶貝一樣。

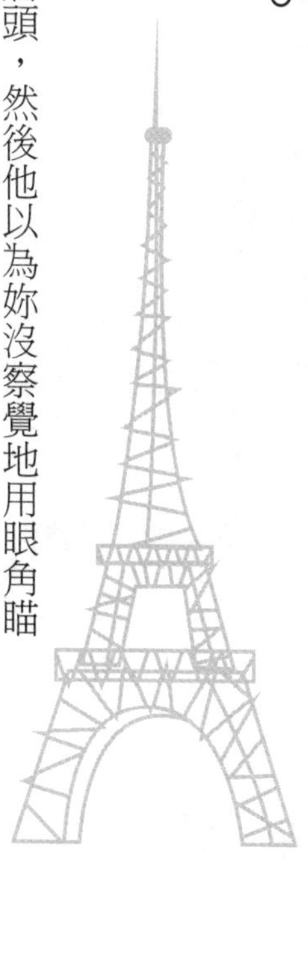

他還敢先聲奪人反過來質問妳。

「誰打來的？」妳問。

「就跟妳說是打錯了。」他還在強辯掙扎，但是不耐煩的語氣透露著更多心虛。

「那幹嘛不敢給我看手機？」

「……。」（男人低頭不語）

這裡要講的不是接下來你們諜對諜的過程，而是男人若匆匆掛了電話，只跟妳說：「是對方打錯了。」

通常有鬼。

「我沒有說都是怕妳誤會，是為了我們好……。」他八成接下來會這樣說吧。

男人老實說

但是女人也不全是簡單的角色。別對男人存有幻想，女人的守則是沒有規條的，因為太善變了，女人別否認，不然妳就只是個女孩。

謊言 85

我不配。

這絕對是具有Impact力量的一句謊話。

當男人跟妳說：「我不配。」

若還在乎對方的女人通常會慌一下，心想：怎麼了，難道這句話是要離開自己的開場白？

男人說：「我不配。」有很多原因跟含意。

有的是真的要想辦法脫身，但是絕不會是真的認為他自己配不上妳。

「我不配，不配妳對我這麼好，請讓我放手讓妳走……。」

當男人都已經說我不配了，女人還能說什麼，挽留一個配不上自己的男人？

當然男人不會真的認為自己不配，他只是希望趕快脫身，不要再被糾纏。

當然也可能是另一種情況：「我不配，但是妳對我這麼好，我真的很感動。」

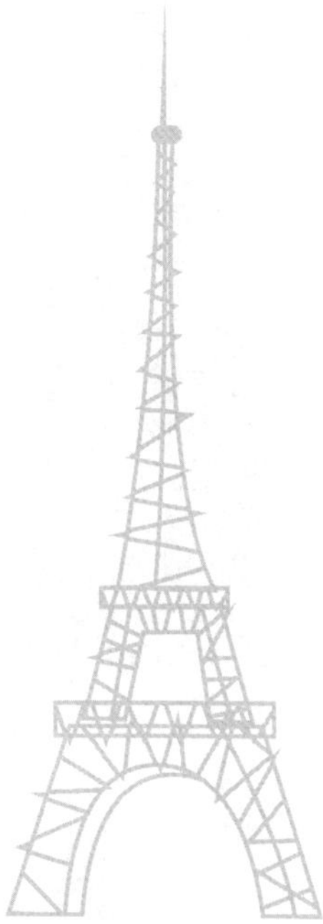

這是另一種哄女人開心的方法。

他做了錯事被妳抓包，他卻比妳還先激動：「我不配、我不配，是我對妳不好，配不上妳！」

或是他有求於妳，大概就是要開口借錢之類的。

於是他會說：「我沒有錢、沒有資產、沒有成就，除了真心愛妳以外，我什麼都沒有……。」

就等妳開口問他：「我也愛你，別這樣說我好心疼，那你要我怎麼幫你？」

他當然會打蛇隨棍上，跟妳開口借錢。

這時，聰明的女人，請換妳說：「我不配吧。」

男人老實說

男人跟女人嘴上說我不配，內心卻沒有一個男人會真的自慚形穢，他一定對妳不滿，想要分開，不過是找一堆理由而已，不然就是以退為進。

謊言86 我一定會給妳一個交代的。

他每次都用這句話來打發妳，或是結束話題。

事實上，他根本不會離開家裡那一個女人。

有點經濟能力的男人，還會用物質滿足妳，沒能力的人只會用口頭說說，但是誰要妳心甘情願地跟他在一起。

「我跟她已經相敬如冰，無話可說。」

騙妳的啦，他每次從妳這離開，回去兩個人還是睡在同一張床上，早上一同起床吃早餐、出門說再見。

如果妳養了一隻每天窩在身邊的寵物，都會開心地摸一摸她、對她笑一笑了，怎麼會完全黑面黑口不相往來。

「只有妳知道我在想什麼，她根本不瞭解我。」

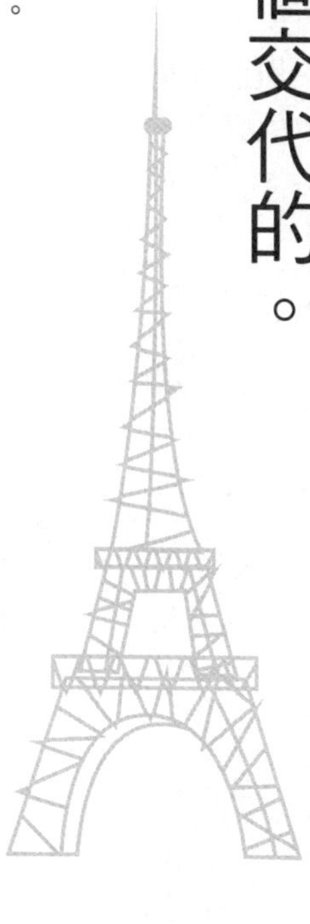

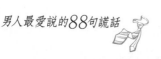

哄妳的啦，他只是想讓妳轉移注意力，但是比別的女人了解他，有什麼值得開心？

「妳相信我，我一定會跟她分開，我會娶妳的。」

死心吧，還不如多要點鈔票來來彌補虛擲的青春，或是趕快懸崖勒馬，跟有婦之夫在一起是沒有半點好處的，面子、裡子都沒有。

「要不是為了孩子，我早就跟她離婚了。」

這也是藉口、藉口、藉口，千萬別回答說：「我也可以替你生一個。」

「我一定會給妳一個交代的。」

當男人又想用這句話作為話題的終結，阻止他，直接問：「怎麼給啊？」這句話應該是變成開場白，不是結語。

男人老實說

M：「我一定會給妳一個交代的。」

其實就是說：「我還沒想好要怎麼給妳交代。」

謊言 87

我雖然有女朋友，但我整顆心都在妳身上。

妳也知道這件事，就算對方沒有明說，妳也早就隱隱約約地感覺到對方可能不只有妳一個女人，但是妳也一直裝作不知道，怕萬一提早攤牌，會破壞彼此的關係。

終於，有一天紙包不住火，終於露了餡。

於是，男人跟妳坦承，其實他一直有女友，但是跟對方的感情早已經變成習慣，他現在覺得只有妳才聽得懂他在說什麼，知道彼此想聽什麼音樂，可以討論書、可以聊電影，有彼此間才聽得懂的話語跟暗號。

他跟妳一樣害怕，擔心說出他有女友的事實會破壞眼前這一切。

「現在我雖然有女朋友，但是我整顆心都在妳身上。」

只是他跟妳一樣不知道該怎麼做，他捨不得妳。

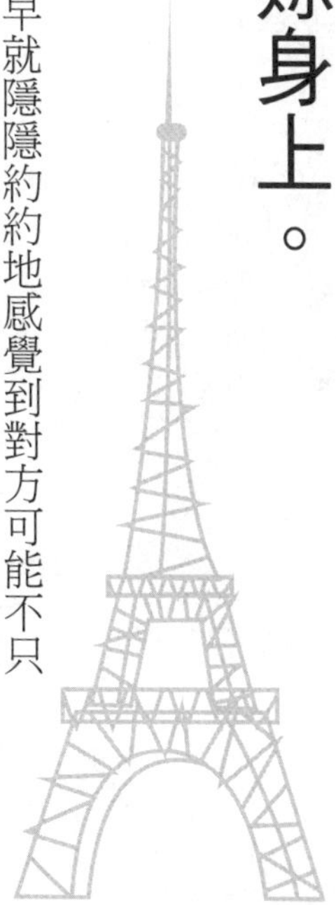

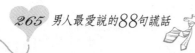

妳也是，但是他又覺得這樣對另一個人很無辜跟不公平。

「她沒有錯，而且跟我在一起很多年了，我不知道該如何開口跟她說，我愛上了妳。」他怕對方會受不了，會做傻事。

「那我呢？」女人也在心中吶喊，卻為了尊嚴跟最後一點矜持沒說出來，這時候妳必須做抉擇，是要選擇等下去，或是不等。

雖然明知機會不大，還是決定順著自己的直覺走，於是選擇相信男人的謊話。

「我們一定會有結果的。」連他都知道自己在用這句話欺騙、安慰彼此。

但有時候男女之間就是這樣你情我願地一起沉淪下去。

男人老實說

妳也沒告訴他，妳早就猜到了。因為妳也不想失去這段感情。

很多時候，女人不去揭穿男人的謊話，想睜一隻眼、閉一隻眼，只是因為還在乎對方罷了。

謊言88

我下樓一下。

看電視的時候，妳就發覺他坐立難安，一直動來動去，不時皺眉搔頭髮，眼神飄來飄去，一隻手上拿著遙控器當電動玩具一樣，從第一台到第一百台轉來轉去，另一隻手也一直放在從口袋裡，摸著手機翻來覆去。

終於有通簡訊傳來的聲音，他若無其事好像不以為意地看了看。

男人轉過頭來，面對妳可能的詢問：「廣告簡訊。」他淡淡地說。

過了一會兒，在廣告的空檔，他走進房間，出來的時候已經披了外套。

他理所當然地說：「我下樓一下。」可能是突然想到要買些什麼東西之類的。

妳點點頭沒說什麼，因為妳也很清楚，往往這一去就是超過半個小時，妳打他的手機，多半只會得到前面提過的種種謊話，都會輪番上陣操演一遍。

「我下樓一下。」妳也知道不會只是「一下子」而已。

就像妳也很清楚，剛剛那通簡訊也絕不會是廣告簡訊。

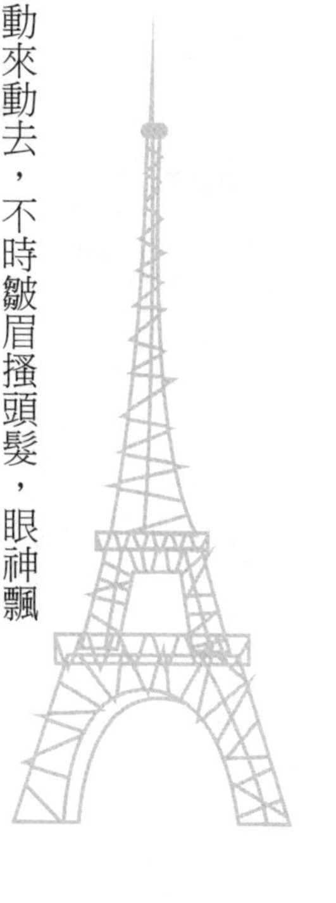

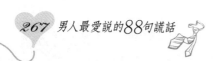

但是妳也沒選擇揭穿對方，或許是妳愛他，也許是因為妳也累了。

總之，當對方又說：「我下樓一下。」女人可能只是在心中輕輕嘆口氣而已。

她只是不懂得，男人怎麼不會換個更好的理由。

女人跟男人在一起的第一天開始，就知道對方會說謊了，而且沒停過。

第一天，你們認識，他眨著眼笑著說：「妳好美，對妳，我絕不會說謊騙妳。」

她就知道，即使明知道對方在說謊，自己也義無反顧地喜歡上了。

男人老實說

最後再附贈一句，若是吵架或是有什麼不滿時，

男人跟妳說：「妳當初跟我在一起，就知道我是怎樣的人了。」

掉頭就走吧，這不過是男人極其不負責任，跟不想為妳改變的一種自以瀟灑的說詞而已。

說謊說得巧，對彼此都好。

男人會不會說謊，當然會。

不說謊的簡直不是男人，那妳問：「男人何時才會說謊？」

我必須很殘忍地告訴妳，這個問題應該改成：「何時男人才不會說謊？」

男人無時無刻不在說謊。

為了將女人騙到手，說謊。

為了跟女人要分手，說謊。

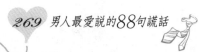

男人可以為了跟朋友出去應酬、上酒家，跟妳說謊，說是出去跟客戶談生意；晚歸就說是加班；跟妳約會想要早點離開，就說家裡有急事，要不然就是自己按手機讓他響；他跟妳說給我些時間，我可以改，說的時候可能誠意十足，但卻百分之八十的男人都做不到。

其實當男人說出這句話，你們的感情也到了接受考驗的地步，是危險期的徵兆，因為他開始連自己都要欺騙，時間一久，妳也發現男人無論如何都戒不掉的壞習慣依然存在。
他在電話裡頭說：「我還有工作，我現在沒空。」
其實可能是表示：他在提醒妳，我想喘口氣。
他說會再打給妳，往往妳等到睡著了，也沒他的來電。
他跟妳說：「這次我是認真的。」
先別去計較真假，那上次跟上上次呢？難道都是假的？還是聰明些別追問好了。
說謊是一種天性，是男人的保護色，通常在被揭穿後，他還會為自己找藉口：
「這是善意的謊言，都是為了我們之間好，怕會傷害到妳。」
不得已才說謊，是因為他愛妳。
說謊是一種生活習慣，對男人而言，就跟各種社交辭令一樣。
就像別人問：「妳餓不餓？」
女人的第一反應都還是笑笑說：「我不餓。」
很少有人會大剌剌地說：「我很餓，餓到可以吞下一頭牛吧！」

所以，妳問男人：「你會不會說謊？」

他眨眨眼睛笑著說：「唯有對妳，我絕不會說謊騙妳。」

別傻了，他當然是在說謊，而且還自以為聰明地將妳當成無知的小女孩哄。

就差沒希望妳對他說：「真的嗎？你好好哦。」

男人的感受&需要

為了減少男人說謊的次數，給女人一點良心的建議：

❤不會洗髒碗盤的女人，跟不會掀馬桶蓋的男人一樣糟糕。若他說不會跟妳計較，不用懷疑他一定是在騙妳，眼前不會，日後這一定會被當作嫌棄的藉口。

❤假裝不知道，是真的要表現的不知道，而不是有意無意地表現出一副好像妳已經知道的樣子。

❤不要擺得一副什麼都懂的樣子，男人不喜歡表現得比女人無知。

❤試著喜歡球類運動，雖然妳始終不懂為什麼男人會為了足球員一個小時才踢進一球瘋狂歡呼。但是相信我，願意陪男人看世界盃，一起大吼大叫的異性一定很受男人歡迎。

❤大方點，有些事情需要睜一隻眼、閉一隻眼，雖然我知道這一點很難做到，但是往往越大方的女人，對方越是容易反過來在乎妳。

❤購物狂別常當著男人面前發作，相信我，就算是妳自己買單，那也會嚇跑不少不錯的男人。

❤喜歡閱讀的女人很討人喜歡。

❤不會烹飪千萬別勉強，更別逼著男人跟妳一起洗碗盤，妳要的是生活情趣，不是佣人。

❤當男人想要的時候，隨時隨地滿足他，相信我，他會對妳更好。

❤多聽男人說話，眼睛看著對方，給他鼓勵，男人有時候就跟小孩子一樣喜歡訴苦，當他發覺妳是個善於聆聽的對象，他會減少跟豬朋狗友出去混的時光。

❤不要鐵齒、不要頂嘴、不要無理取鬧、不要潑婦罵街，絕對不要在外面不開心不爽，因為男人好面子，千萬不要讓他當著眾人面前下不了台。

❤IQ、EQ，男人還喜歡看GQ勒，別跟男人絡英文。

❤適時地討好男人，偶爾可以刁蠻，但是不行語出諷刺，別動不動就說：「是嗎？」、「你行嗎？」這種帶刺的話。男人最怕被譏、被諷刺、被拆掉台階。

❤別馬上就揭穿男人的謊話，這樣妳不過只增加他日後說謊的技巧。

❤現在的女人要獨立、要會開車、要會自己修水電、要會電腦，別太倚賴男人。

❤男人當然很自私，越壞的越自私，男人喜歡用應酬做藉口，女人千萬不要去跟別人應酬，妳這樣做只是讓他在心底對妳反感，造成微微失望。

❤「你好強！」、「你好棒！」是對男人最好的奉承。

❤不要每換穿一套衣服就問對方：「好看嗎？」還要對方強迫回答。別將生活搞得好像機智問答，要知道男人的耐性其實是有限度的。

❤不要每次都為了「吃什麼？」而爭執。

❤讓他知道妳其實並沒有那麼愛他，保留一點，為自己好，相信我，他還會比較在乎妳一點。

男人本來就不簡單，男人中還有一種自以為是壞男人的品種，他們很機智、很幽默、很狡猾、也很沒安全感。

壞男人怕付出，壞男人其實比女人還沒安全感，因為怕受傷害，所以選擇先抽腿，不敢多放感情，女人要試著讓他感到放心。

壞男人是匹野馬，要花時間馴服，剛開始妳會比較辛苦，但是相信我，當妳讓他覺得妳跟過去交往的感情經驗不同，妳可能特別窩心，偶爾難以掌握，幽默、大方、識大體、不計較、獨立、迷人，很少有人還可以逃出妳的掌握。

即使最後這一切都是假裝。

男人早已臣服。

何況男人最愛面子，他絕對不會承認自己上當，一定會自欺欺人，認為妳是真的這樣完美。

有很多時候女人不妨說點小謊，用些小手段來掌握住男人，生活會更美好、更有情趣。

說謊說的好，其實對彼此都好。

MEMO

www.book4u.com.tw
www.book4u.com.cn
www.silkbook.com

創辦人暨名譽董事長　王擎天
董事長　王寶玲
總經理　歐綾纖　　印製者　紘億印刷公司
出版總監　王寶玲

法人股東　華鴻創投、華利創投、和通國際、利通創投、創意創投、中國電視、中租迪和、仁寶電腦、台北富邦銀行、台灣工業銀行、國寶人壽、東元電機、凌陽科技（創投）、力麗集團、東捷資訊

策略聯盟　采舍國際・創智行銷・凱立國際資訊・玉山銀行
凱旋資訊・知遠文化・均洋印刷・橋大圖書
交通部郵政總局・數位聯合（seednet）
全球八達網・全球線上・優碩資訊・矽緯資訊
（歡迎出版同業加入，共襄盛舉）

◆台灣出版事業群　新北市中和中山路2段366巷10號10樓
TEL：02-2248-7896
FAX：02-2248-7758

◆北京出版事業群　北京市東城區東直門東中街40號元嘉國際公寓A座820
TEL：86-10-64172733
FAX：86-10-64173011

◆北美出版事業群　4th Floor Harbour Centre　P.O.Box613
GT George Town, Grand Cayman,
Cayman Island

◆倉儲及物流中心　新北市中和中山路2段366巷10號3樓
TEL：02-8245-8786
FAX：02-8245-8718

國家圖書館出版品預行編目資料

男人最愛說的88句謊話! / 錢人豪 著 --初版 —
台北縣中和市：啟思出版集團，2011. 01
面；　公分

ISBN 978-986-271-040-1（平裝）

1.成人心理學　2.男性　3.兩性關係
173.32　　　　　　　　99024942

啟思出版集團
Cheese Group

男人最愛說的88句謊話！

出版者◤啟思
作者◤錢人豪
品質總監◤王寶玲
總編輯◤歐綾纖
文字編輯◤劉汝雯
美術設計◤蔡億盈
內文排版◤新鑫電腦排版

本書採減碳印製流程並使用優質中性紙（Acid & Alkali Free）最符環保需求。

郵撥帳號◤50017206 采舍國際有限公司（郵撥購買，請另付一成郵資）
台灣出版中心◤新北市中和中山路 2 段 366 巷 10 號 10 樓
電話◤(02) 2248-7896　傳真◤(02) 2248-7758
ISBN◤978-986-271-040-1
出版年度◤2011 年最新版

全球華文國際市場總代理◤采舍國際
地址◤新北市中和中山路 2 段 366 巷 10號 3 樓
電話◤(02) 8245-8786　傳真◤(02) 8245-8718

全系列書系特約展示門市

橋大書局
地址◤台北市南陽街 7 號 2 樓
電話◤(02) 2331-0234
傳真◤(02) 2331-1073

新絲路網路書店
地址◤新北市中和中山路2段366巷10號10樓
電話◤(02) 8245-9896
網址◤www.silkbook.com

線上 pbook&ebook 總代理◤全球華文聯合出版平台
地址◤新北市中和中山路 2 段 366 巷 10 號 10 樓
主題討論區◤www.silkbook.com/bookclub ● 新絲路讀書會
紙本書平台◤www.book4u.com.tw ● 華文網網路書店
瀏覽電子書◤www.book4u.com.tw ● 華文電子書中心
電子書下載◤www.book4u.com.tw ● 電子書中心（Acrobat Reader）

本書係透過華文聯合出版平台自資出版印行